OVLADAJTE UMIJEĆEM KUHANJA TJESTENINE U TAVI

100 izvrsnih jela od tjestenine, jedna tava, bez problema

LORA BABIĆ

Materijal autorskih prava ©2023

Sva prava pridržana

Nijedan dio ove knjige ne smije se koristiti ili prenositi u bilo kojem obliku ili na bilo koji način bez odgovarajućeg pisanog pristanka izdavača i vlasnika autorskih prava, osim kratkih citata korištenih u recenziji. Ovu knjigu ne treba smatrati zamjenom za medicinske, pravne ili druge stručne savjete.

SADRŽAJ

SADRŽAJ 3
UVOD 7
TJESTENINA FUSILI 8
   1. Pečenje začinjene vegetarijanske tjestenine 9
   2. Fusilli od češnjaka i gljiva sa salatom od krušaka 11
   3. Vegegie Fusilli salata od tjestenine na žaru 13
   4. Oštar salata od Cheddar Fusilli 15
   5. Crimini pečenje od tjestenine 17
   6. Fusilli sa sušenim rajčicama 19
   7. Mljevena govedina i tjestenina u jednoj tavi 21
   8. Fusilli s piletinom u jednom loncu 23
   9. Fusilli s piletinom i povrćem u jednom loncu 25
PENNE TJEstenina 27
   10. Penne tjestenina s piletinom i limunom 28
   11. Mostaccioli ćufte od tri sira 30
   12. Tjestenina od dimljenog lososa 32
   13. Penne alla vodka 34
   14. Orasasta pileća tjestenina 36
   15. Penne goveđe pečenje 38
   16. Tjestenina s piletinom i vrhnjem od sira 40
   17. Pečene peresnike s purećim polpetama 42
   18. Klasična penne tjestenina 44
ROTINI TJESTENINA 46
   19. Salata od tjestenine sa kozicama i cherry rajčicama ...47
   20. Tjestenina od svježeg limuna 50
   21. Rotini salata s feferonima i sirom 52
   22. Kremasta tjestenina Rotini s rajčicama u jednom loncu ...54
   23. Saucy goveđi rotini u jednom loncu 56
   24. Rotini s piletinom i brokulom u jednom loncu 58
   25. Rotini u jednoj posudi s umakom od vrhnja od rajčice ...60
   26. Rotini tava od parmezana 62
   27. Rotini s piletinom u jednoj posudi 64
JUMBO ŠKOLJKE 66
   28. Talijanske kobasice punjene školjkama 67
   29. Školjke punjene špinatom i tri sira 70

30. Dekadentne školjke punjene špinatom 72
31. Jumbo ljuske od tjestenine punjene češnjakom 74
32. Školjke tjestenine punjene pločom za kuhanje 77
33. Vegetarijanska tava punjena školjkama 79
34. Ljuske tjestenine punjene tacosom 82
35. Ljetne punjene školjke 84

TJESTENINA LINGUINE **87**
36. Salata od tjestenine Romano Linguine 88
37. Ricotta tjestenina od limuna sa slanutkom 90
38. Škampi Carbonara 93
39. Linguine i umak od školjki 96

TJESTENINA ANĐEOSKA KOSA **98**
40. Tjestenina u jednoj tavi 99
41. Pečenje kozica s anđeoskom kosom 101
42. Tava sa škampima 103

NJOKI **105**
43. Kremasta piletina i njoki u jednoj tavi 106
44. Njoki sa pestom od trava 108
45. Njoki od kadulje i mascarponea 110

FETTUCINI **113**
46. Klasični Alfredo 114
47. Crimini pečenje tjestenine 116
48. Tjestenina s parmezanom i češnjakom u jednoj posudi ... 118
49. Fettuccine s piletinom i slaninom u jednom loncu Alfredo ... 120
50. Fettuccine od gljiva 122

RIGATONI TJESTENINA **124**
51. Romano rigatoni tepsija 125
52. Veganski rigatoni bosiljak 127

MAKARONI ZA LAKAT **129**
53. BLT salata od tjestenine 130
54. Mac-and-cheese od špinata i artičoke 132
55. Chili Mac Casserole 134

ŽITI TJESTENINA **136**
56. Pečeni ziti 137
57. Provolone Ziti Bake 139
58. Tepsija od goveđeg zitija 141
59. Pečeni ziti 143

60. Ziti kobasica pečenje 145
ŠPAGETI TJESTENINA 147
   61. Pesto škampi s tjesteninom 148
   62. Tjestenina od tune 150
   63. Sunčani vrući špageti 152
   64. Spaghetti Bolognese Skillet Bake 154
   65. Jakobove kapice sa špagetima 156
   66. Sunčani vrući špageti 158
   67. Pileći Tetrazzini 160
   68. Zapečeni rigatoni i mesne okruglice 162
   69. Tava za brze špagete 164
   70. Lagani špageti 166
   71. Škampi Lo Mein 168
   72. Pileći Tetrazzini 170
   73. Tava za kobasice od tjestenine 172
   74. Pileća tjestenina na tavi 174
   75. Pasta alla Norma Skillet Bake 177
   76. Ziti i špageti s kobasicom 180
TJESTENINA BUCATINI 182
   77. Bucatini u jednoj posudi s porilukom i limunom 183
   78. Tjestenina Burrata od rajčice 185
   79. Tjestenina od limun bosiljka sa prokulicama 187
   80. Kukuruzni bucatini u jednoj posudi 189
ORZO 191
   81. Parmezan Orzo 192
   82. Minty feta i orzo salata 194
   83. Orzo od rajčica u jednoj posudi 196
   84. Pileća orzo tava 198
   85. Orzo i Portobello tepsija 200
   86. Orzo u jednoj posudi sa špinatom i fetom 202
FARFALLE/MAŠNA 204
   87. Tjestenina Rustika 205
   88. Crème Fraiche pileća tjestenina 207
   89. Pileći meksici i farfalle salata 209
   90. Salata od plodova mora od makarona 211
   91. Pečenje tjestenine od maslaca i blitve 213
LAZANJE 215

92. Španjolske lazanje 216
93. Lazanje od bundeve i kadulje sa fontinom 218
94. Napunjene tjestenine Školjke Lazanje 221
95. Pileće lazanje 223
96. Jugozapadne lazanje 225
97. Klasične lazanje 227
98. Slatke lazanje 229
99. Ratatouille lazanje 231
100. Pepperoni Lasagne 234
101. Lazanje u laganom kuhanju 236

ZAKLJUČAK **238**

UVOD

Dobro došli u "Ovladajte umijećem kuhanja tjestenine u tavi", kulinarsko putovanje koje će preobraziti vaše iskustvo kuhanja, čineći ga jednostavnijim, praktičnijim i bez muke. Jela od tjestenine u jednoj tavi postala su omiljeni trend u svijetu kuhanja, au ovoj kuharici vas pozivamo da savladate umjetnost stvaranja izvrsnih jela od tjestenine u samo jednoj tavi.

Naše putovanje kroz kuhanje tjestenine u jednoj posudi uvest će vas u eleganciju jednostavnosti. Bez obzira jeste li iskusni kuhar kod kuće ili tek počinjete kuhati, ova je knjiga vaš vodič za stvaranje 100 ukusnih jela od tjestenine s minimalnim čišćenjem i maksimalnim okusom. Istražit ćemo tehnike, sastojke i metode koje kuhanje tjestenine u jednoj tavi čine kulinarskom revolucijom.

Dok krećemo u ovu jednostavnu avanturu, pripremite se za otkrivanje tajni svladavanja tjestenine u jednoj tavi. Od klasičnih talijanskih favorita do inovativnih i kreativnih recepata, otkrit ćete užitak kuhanja s lakoćom, dok uživate u ukusnim jelima od tjestenine. Uronimo u "Ovladajte umijećem kuhanja tjestenine u tavi" i pojednostavimo vaše kulinarsko iskustvo, jednu po tavu.

TJESTENINA FUSILI

1. Začinjeno pečenje od vegetarijanske tjestenine

Pravi: 6 porcija

SASTOJCI:
- 3 šalice nekuhane spiralne tjestenine poput fusila
- 1 srednje žuta ljetna tikva
- 1 manja tikvica
- 1 srednja slatka crvena paprika
- 1 srednja zelena paprika
- 1 žlica maslinovog ulja
- 1 manji crveni luk prepoloviti i narezati na ploške
- 1 šalica narezanih svježih gljiva
- 1/2 žličice soli
- 1/4 žličice papra
- 1/4 žličice mljevene crvene paprike
- 1 staklenka (24 unce) pikantnog marinara umaka
- 8 unci bisera svježeg sira mozzarella
- Naribani parmezan i julien svježi bosiljak, po želji

UPUTE:

a) Zagrijte pećnicu na 375°. Skuhajte tjesteninu prema uputama na pakiranju za al dente; odvoditi.

b) Tikvice i paprike narežite na 1/4 inča. julienne trake. U 12-in. od lijevanog željeza ili drugog tavu otpornu na pećnicu, zagrijte ulje na srednje jakoj vatri. Dodajte luk, gljive i juliened povrće; kuhajte i miješajte dok ne postane hrskavo, 5-7 minuta.

c) Umiješajte začine. Dodajte marinara umak i tjesteninu; baciti za kombiniranje. Na vrh stavite perle od sira.

d) Prijenos u pećnicu; pecite, nepokriveno, dok se sir ne otopi, 10-15 minuta. Po želji prije posluživanja pospite parmezanom i bosiljkom.

2.Fusilli od češnjaka i gljiva sa salatom od krušaka

Proizvodi: 2

SASTOJCI:
- 1 glavica smeđeg luka
- 2 češnja češnjaka
- 1 paket narezanih gljiva
- 1 vrećica češnjaka i začina
- 1 paketić svijetlog vrhnja za kuhanje (sadrži mlijeko)
- 1 vrećica pilećeg temeljca u prahu
- 1 paket fusilla (sadrži gluten; može biti prisutan: jaje, soja)
- 1 kruška
- 1 vrećica listova miješane salate
- 1 paketić parmezana (sadrži mlijeko)
- Maslinovo ulje
- 1,75 šalice kipuće vode
- Malo octa (balzamiko ili bijelog vina)

UPUTE:
a) Zakuhajte kotlić. Smeđi luk i češnjak sitno nasjeckajte. Zagrijte veliki lonac na srednje jakoj vatri s obilatom kapljicom maslinovog ulja. Narezane gljive i luk kuhajte uz povremeno miješanje dok samo ne omekšaju, što traje oko 6-8 minuta. Dodajte češnjak i začin od češnjaka i začinskog bilja i kuhajte dok ne zamiriše oko 1 minutu.
b) Dodajte lagano vrhnje za kuhanje, kipuću vodu (1 3/4 šalice za 2 osobe), temeljac u prahu od piletine i fusille. Promiješajte da se sjedini i zakuhajte. Smanjite vatru na srednju, pokrijte poklopcem i kuhajte uz povremeno miješanje dok tjestenina ne postane 'al dente', što traje oko 11 minuta. Promiješajte naribani parmezan i začinite po ukusu solju i paprom.
c) Dok se tjestenina kuha, narežite krušku na tanke ploške. U srednje veliku zdjelu dodajte malo octa i maslinovog ulja. Prelijte dressing miješanim listovima salate i kruške. Začinite i promiješajte da se sjedini.
d) Podijelite kremaste fusille s gljivama u jednoj posudi u zdjelice. Poslužite uz salatu od krušaka. Uživajte u svom ukusnom obroku!

3. Salata od tjestenine Fusilli s povrćem na žaru

Čini: 8-10
SASTOJCI:
SALATA OD TJESTENINE
- 1 funta fusila
- 2 šalice crvene i žute paprike na žaru narezane na kockice
- 2 šalice prepolovljenih cherry rajčica
- 2 šalice pečenog luka narezanog na kockice
- 2 šalice crnog vina vinaigrette

VINAIGRET CRNO VINO
- 1 šalica ekstra djevičanskog maslinovog ulja
- ⅓ crvenog vinskog octa
- 2 žlice vode
- 4 češnja češnjaka, sitno naribana
- 2 žličice Dijon senfa
- 2 žličice sušenog origana
- 2 žličice zrnatog luka
- 1 prstohvat zdrobljenih pahuljica čilija
- 2 žličice košer soli
- 1 žličica svježe mljevenog crnog papra
- 2 žlice meda

UPUTE
VINAIGRET OD CRNOG VINA:
a) Pomiješajte sve sastojke u posudi s čvrstim poklopcem.
b) Dobro protresite i čuvajte u hladnjaku dok ne zatreba.

SALATA OD TJESTENINE
c) Pripremite tjesteninu prema uputama na pakiranju.
d) Nakon kuhanja fužele procijedite i ohladite u hladnoj vodi kako biste zaustavili kuhanje.
e) Prebacite tjesteninu u veću zdjelu i umiješajte preostale sastojke.
f) Dobro promiješajte, a zatim ostavite preko noći.

4.Oštar salata s čedarom i fusilli

Proizvodi: 10
SASTOJCI:
- 2 žlice maslinovog ulja
- 6 zelenih luka, nasjeckanih
- 1 žličica soli
- 3/4 C. nasjeckane ukiseljene jalapeno papričice
- 1 (16 oz.) paket fusilli tjestenine
- 1 (2,25 oz.) može narezati crne masline
- 2 lb ekstra nemasne mljevene govedine
- (neobavezno)
- 1 (1,25 oz.) paket mješavine začina za taco
- 1 (8 oz.) paket nasjeckanog cheddara
- 1 (24 oz.) staklenka blage salse
- sir
- 1 (8 oz.) boca ranch preljeva
- 1 1/2 crvena paprika, nasjeckana

UPUTE:

a) Stavite veliki lonac na srednju vatru. Napunite ga vodom i umiješajte maslinovo ulje sa soli.

b) Kuhajte dok ne počne ključati.

c) Dodajte tjesteninu i kuhajte je 10 min. Izvadite ga iz vode i stavite sa strane da se ocijedi.

d) Stavite veliku tavu na srednje jaku vatru. U njemu pržite govedinu 12 minuta. Odbacite višak masti.

e) Dodajte začin za taco i dobro ih promiješajte. Ostavite smjesu sa strane da potpuno izgubi toplinu.

f) Uzmite veliku zdjelu za miješanje: u njoj pomiješajte salsu, ranč preljev, papriku, zeleni luk, jalapeno i crne masline.

g) Dodajte tjesteninu s kuhanom govedinom, cheddar sirom i mješavinom za preljev. Dobro ih promiješajte. Stavite komad plastične folije preko zdjele za salatu. Stavite u hladnjak na 1 h 15 min.

5.Pečenje tjestenine Crimini

Proizvodi: 6

SASTOJCI:
- 8 h crimini gljiva
- 1/3 šalice parmezana, naribanog
- 1 šalica cvjetića brokule
- 3 žlice provansalskog bilja
- 1 šalica špinata, svježi listovi, čvrsto pakirani
- 2 žlice ekstra djevičanskog maslinovog ulja
- 2 crvene paprike babure, julien
- 1 žlica soli
- 1 veliki luk, nasjeckan
- 1/2 žlice papra
- 1 šalica mozzarella sira, nasjeckanog
- 1 šalica umaka od rajčice
- 2/3 lb. tjestenine

UPUTE:
a) Prije nego bilo što poduzmete, zagrijte pećnicu na 450 F. Namažite posudu za pečenje uljem ili sprejom za kuhanje.
b) Uzmite veliku zdjelu za miješanje: u nju ubacite gljive, brokulu, špinat, papar i luk.
c) Dodajte 1 žlicu maslinovog ulja, sol, papar i ponovno ih promiješajte.
d) Rasporedite povrće u namašćenu posudu i pecite u pećnici 10 minuta.
e) Kuhajte tjesteninu dok ne postane dente. Tjesteninu ocijedite i stavite sa strane.
f) Uzmite veliku zdjelu za miješanje: Pomiješajte 1 žlicu maslinovog ulja s pečenim povrćem, tjesteninom, začinskim biljem i mozzarellom. Raširite smjesu natrag u vatrostalnu posudu.
g) Po vrhu pospite sir i kuhajte 20 minuta. Poslužite toplo i uživajte.

6.Fusilli sa sušenim rajčicama

Proizvodi: 6

SASTOJCI:
- 8 unci Fusilli ili Rotelle s okusom povrća
- 1 žlica djevičanskog maslinovog ulja
- 1/2 žličice ljute papričice
- 2 velika režnja češnjaka, mljevena
- 2 zelena luka, nasjeckana
- 2 žlice nasjeckanih osušenih rajčica
- 1 žlica nasjeckanog korijena đumbira
- 1 žlica ribane narančine korice
- 1 žlica paste od rajčice
- 1/2 šalice konzerviranih talijanskih rajčica šljiva, ocijeđenih i nasjeckanih
- 1/4 šalice pileće juhe
- Sol i papar po ukusu
- 2 žlice nasjeckanog vlasca
- 1 žličica sezamovog ulja

UPUTE:
a) Započnite tako što ćete veliki lonac vode zakuhati. Kuhajte tjesteninu dok ne postane al dente, obično 8 do 10 minuta. Zatim ocijedite tjesteninu u cjedilu i stavite je sa strane.
b) U velikoj tavi koja se ne lijepi zagrijte djevičansko maslinovo ulje. Dodajte ljutu papričicu, mljeveni češnjak, nasjeckani mladi luk, sušene rajčice, đumbir i naribanu koricu naranče. Ovu smjesu miješajući pržite oko minutu.
c) Dodajte kuhanu tjesteninu u tavu i miješajući pržite još jednu minutu.
d) Umiješajte pastu od rajčice, nasjeckane rajčice šljive, pileću juhu, sol i papar. Sve sastojke dobro izmiješajte i kuhajte dok se sve ne zagrije.
e) Za kraj jelo ukrasite nasjeckanim vlascem i pokapajte ga sezamovim uljem.
f) Uživajte u svojim ukusnim Fusillima sa sušenim rajčicama!

7. Mljevena govedina i tjestenina u jednoj tavi

Proizvodi: 4

SASTOJCI:
- 1 žlica ekstra djevičanskog maslinovog ulja
- 1 funta 90% nemasne mljevene govedine
- 8 unci gljiva, sitno nasjeckanih ili pulziranih
- 1/2 šalice luka nasjeckanog na kockice
- 1 limenka od 15 unci umaka od rajčice bez dodane soli
- 1 šalica vode
- 1 žlica Worcestershire umaka
- 1 žličica talijanskog začina
- 3/4 žličice soli
- 1/2 žličice češnjaka u prahu
- 8 unci rotinija ili fusilla od cjelovitog zrna pšenice
- 1/2 šalice naribanog ekstra oštrog sira Cheddar
- 1/4 šalice nasjeckanog svježeg bosiljka za ukras

UPUTE:

a) Započnite zagrijavanjem ekstradjevičanskog maslinovog ulja u velikoj tavi na srednjoj vatri. Dodajte mljevenu junetinu, nasjeckane gljive i luk nasjeckan na kockice. Kuhajte i miješajte dok govedina više ne bude ružičasta i dok tekućina od gljiva uglavnom ne ispari, što traje oko 8 do 10 minuta.

b) Umiješajte umak od rajčice, vodu, Worcestershire umak, talijanske začine, sol i češnjak u prahu.

c) Dodajte tjesteninu u tavu i pustite da prokuha.

d) Poklopite tavu, smanjite vatru i kuhajte uz povremeno miješanje dok tjestenina ne omekša i ne upije većinu tekućine. To obično traje oko 16 do 18 minuta.

e) Tjesteninu pospite nasjeckanim Cheddar sirom, pokrijte tavu i nastavite kuhati dok se sir ne otopi, što obično traje 2 do 3 minute.

f) Po želji jelo prije posluživanja ukrasite nasjeckanim svježim bosiljkom.

g) Uživajte u obroku od mljevene govedine i tjestenine u jednoj tavi! Slobodno eksperimentirajte s različitim vrstama sireva kao što su mozzarella, provolone ili Asiago za jedinstven okus.

8.Fusilli s piletinom u jednom loncu

Proizvodi: 4

SASTOJCI:
- 2 žlice maslinovog ulja
- 1 funta pilećih prsa bez kostiju i kože, narezanih na kocke
- 3 češnja češnjaka, mljevena
- 1/2 žličice talijanskog začina
- 1 kutija pileće juhe
- 2 srednje rajčice, nasjeckane
- 12 unci nekuhane fusilli tjestenine
- 1 srednja crvena paprika, narezana na kockice
- 2 žlice ribanog parmezana

UPUTE:
a) U velikom loncu zagrijte maslinovo ulje na srednje jakoj vatri. Dodajte piletinu narezanu na kockice i kuhajte 5 minuta uz povremeno miješanje dok ne porumeni. Umiješajte nasjeckani češnjak i talijanski začin; kuhati i miješati 30 sekundi.

b) Umiješajte pileću juhu i nasjeckane rajčice; dobro promiješajte. Dodajte fusilli tjesteninu i prokuhajte. Smanjite vatru na srednju razinu i pustite da lagano kuha, nepoklopljeno, povremeno miješajući, 8 minuta.

c) Umiješajte crvenu papriku narezanu na kockice. Kuhajte oko 4 minute ili dok tjestenina i paprika ne omekšaju, a piletina potpuno kuhana. Umiješajte naribani sir.

9. Fusilli s piletinom i povrćem u jednom loncu

Proizvodi: 2

SASTOJCI:
- 1 stabljika celera
- 1 mrkva
- 1 paketić piletine narezane na kockice
- 1 paketić fusila
- 1 vrećica pilećeg temeljca u prahu
- 1/2 paketića kreme
- 1 vrećica mladog lišća špinata
- 1 vrećica peršina
- 1 prstohvat čilija (ako koristite)
- 1 vrećica Aussie mješavine začina
- Maslinovo ulje
- 2 šalice kipuće vode

UPUTE:

a) Započnite kuhanjem kuhala za vodu. Celer sitno nasjeckajte, a mrkvu naribajte. Ovo je korak u kojem starija djeca, pod nadzorom odraslih, mogu pomoći u ribanju mrkve.

b) U velikom loncu zagrijte malo maslinovog ulja na jakoj vatri. Kad se ulje zagrije, ispecite piletinu narezanu na kockice s prstohvatom soli i papra, povremeno miješajući dok ne porumeni i skuha se, što traje oko 5-6 minuta. Prebacite piletinu na tanjur. Vratite lonac na srednje jaku vatru s još jednom kapljicom maslinovog ulja. Kuhajte celer i mrkvu dok ne omekšaju, oko 4-5 minuta.

c) Dodajte Aussie mješavinu začina u tavu i kuhajte dok ne zamiriše, oko 1 minutu. Dodajte fusille, pileći temeljac u prahu, kipuću vodu (2 šalice za 2 osobe) i vratite kuhanu piletinu u tavu, miješajući da se sjedini. Zakuhajte, a zatim smanjite vatru na srednje nisku. Pokrijte poklopcem i pirjajte uz povremeno miješanje dok fusili ne budu 'al dente', što traje oko 12-14 minuta. Maknite poklopac s posude, zatim umiješajte vrhnje i listove mladog špinata, pirjajte dok se smjesa malo ne zgusne i špinat ne uvene, oko 1-2 minute. Obilno začinite solju i paprom.

d) Podijelite kremastu piletinu i vegetarijanske fusille u jednom loncu u zdjelice. Ukrasite prstohvatom papričice (ako koristite) i natrgajte peršin za posluživanje. Uživajte u jelu!

e) Za male kuhare mogu dodati završni detalj i narezati peršin.

TJESTENINA PENNE

10.Penne tjestenina s piletinom i limunom

Proizvodi: 4

SASTOJCI:
- 8 unci penne tjestenine
- 2 pileća prsa bez kostiju i kože, narezana na komade veličine zalogaja
- Sol i crni papar po ukusu
- 2 žlice maslinovog ulja
- 3 češnja češnjaka, nasjeckana
- Korica od 1 limuna
- Sok od 1 limuna
- 1 šalica pileće juhe
- 1 šalica gustog vrhnja
- 1 žličica suhe majčine dušice
- ½ šalice ribanog parmezana
- Svježi peršin, nasjeckani (za ukras)

UPUTE:
a) Skuhajte penne tjesteninu prema uputama na pakiranju dok ne postane al dente. Ocijedite i ostavite sa strane.
b) Začinite komade pilećih prsa solju i crnim paprom po ukusu.
c) U velikoj tavi zagrijte maslinovo ulje na srednje jakoj vatri. Dodajte komade pilećih prsa u tavu i kuhajte dok ne porumene i kuhaju se, oko 6-8 minuta. Kuhanu piletinu izvadite iz tave i ostavite sa strane.
d) U istu tavu dodajte nasjeckani češnjak i pirjajte oko 1 minutu dok ne zamiriše.
e) U tavu dodajte limunovu koricu, limunov sok i pileću juhu. Dobro promiješajte, stružući dno tave kako biste oslobodili sve zapečene komadiće.
f) Smanjite vatru i ulijte čvrsto vrhnje. Umiješajte sušeni timijan. Umak kuhajte oko 5 minuta dok se malo ne zgusne.
g) Dodajte kuhanu penne tjesteninu i kuhanu piletinu natrag u tavu. Dobro promiješajte da se tjestenina i piletina prekriju umakom.
h) Po tjestenini pospite naribani parmezan i miješajte dok se sir ne otopi, a umak postane kremast.
i) Maknite tavu s vatre. Kušajte i po potrebi začinite solju i crnim paprom.
j) Poslužite Lemon Chicken Penne Pastu vruću, ukrašenu nasjeckanim svježim peršinom.
k) Prelijte ostatak soka od limuna po vrhu.

11. Mostaccioli s ćufticama od tri sira

Sastojak
- 1 paket (16 unci) mostaccioli
- 2 velika jaja, lagano tučena
- 1 kutija (15 unci) djelomično obranog sira ricotta
- 1 funta mljevene govedine
- 1 srednja glavica luka, nasjeckana
- 1 žlica smeđeg šećera
- 1 žlica talijanskog začina
- 1 žličica češnjaka u prahu
- 1/4 žličice papra
- 2 staklenke (24 unce svaka) umaka za tjesteninu s mesom
- 1/2 šalice ribanog sira Romano
- 1 paket (12 unci) smrznutih potpuno kuhanih talijanskih mesnih okruglica, odmrznutih
- 3/4 šalice naribanog parmezana
- Mljeveni svježi peršin ili svježa mlada rikula, po želji

UPUTE:

a) Zagrijte pećnicu na 350°. Skuhajte mostacciole prema uputama na pakiranju za al dente; odvoditi. Za to vrijeme u maloj posudi pomiješajte jaja i ricotta sir.

b) U 6-qt. temeljac, kuhajte govedinu i luk 6-8 minuta ili dok govedina više ne bude ružičasta, usitnjavajući govedinu na mrvice; odvoditi. Umiješajte smeđi šećer i začine. Dodajte umak za tjesteninu i mostacciole; baciti za kombiniranje.

c) Prebacite pola smjese tjestenine u podmazanu posudu veličine 13x9 in. posuda za pečenje. Slojevite smjesom ricotte i preostalom smjesom tjestenine; pospite romano sirom. Odozgo stavite mesne okruglice i parmezan.

d) Pecite nepokriveno 35-40 minuta ili dok se ne zagrije. Po želji pospite peršinom.

12. Tjestenina od dimljenog lososa

Proizvodi: 8

SASTOJCI:
- 16 oz. penne tjestenina
- ¼ šalice maslaca
- 1 mala, nasjeckana glavica luka
- 3 mljevena češnja češnjaka
- 3 žlice brašna
- 2 šalice svijetle kreme
- ½ šalice bijelog vina
- 1 žlica soka od limuna
- ½ šalice ribanog sira Romano
- 1 šalica narezanih gljiva
- ¾ lb nasjeckanog dimljenog lososa

UPUTE:
a) Tjesteninu kuhajte u posoljenoj vodi 10 minuta. Ocijediti.
b) U tavi rastopite maslac i pirjajte luk i češnjak 5 minuta.
c) Umiješajte brašno u smjesu maslaca i nastavite miješati 2 minute.
d) Lagano dodajte svijetlu kremu.
e) Stavite tekućinu malo ispod točke vrenja.
f) Umiješajte sir i nastavite miješati dok smjesa ne postane glatka, oko 3 minute.
g) Dodajte gljive i pirjajte 5 minuta.
h) Prebacite losos u tavu i kuhajte 3 minute.
i) Poslužite mješavinu lososa preko penne tjestenine.

13.Penne alla votka

Proizvodi: 8

SASTOJCI:
- 4 žlice slanog maslaca
- 2 češnja češnjaka, mljevena ili naribana
- ½ žličice mljevene crvene paprike
- ½ šalice votke
- 1 (28 unci) limenka zgnječenih rajčica, kao što su San Marzano ili Pomi rajčice
- ½ šalice osušenih rajčica pakiranih u maslinovom ulju, ocijeđenih i nasjeckanih
- Košer sol i svježe mljeveni papar
- ¾ šalice gustog vrhnja
- 1 (1 funta) kutija penne
- 1 šalica ribanog parmezana, plus još za posluživanje
- Svježi bosiljak, za posluživanje

UPUTE:
a) U velikom loncu pomiješajte maslac, češnjak i listiće crvene paprike na srednje niskoj temperaturi. Kuhajte, često miješajući, dok se maslac ne otopi i češnjak ne zamiriše, oko 5 minuta. Dodajte votku i pustite da zavrije. Kuhajte dok se ne smanji za jednu trećinu, još 2 do 3 minute. Dodajte zgnječene rajčice, sušene rajčice i veliki prstohvat soli i papra. Umak kuhajte na srednjoj vatri dok se malo ne reducira, 10 do 15 minuta. Premjestite umak u blender ili upotrijebite potopni blender za pire od umaka dok ne postane glatko, 1 minuta. Umiješajte vrhnje dok se ne sjedini.
b) U međuvremenu zakuhajte veliki lonac posoljene vode na jakoj vatri. Dodajte penne i kuhajte prema uputama na pakiranju, dok ne budu al dente. Ocijedite i dodajte tjesteninu i parmezan u umak, miješajući da se sjedine.
c) Za tradicionalno posluživanje, podijelite tjesteninu na osam tanjura ili zdjelica. Ukrasite bosiljkom i parmezanom.

14. Tjestenina s orašastim piletinom

Proizvodi: 4

SASTOJCI:
- 6 kriški slanine
- 1 (6 oz.) staklenka mariniranih srca artičoka, ocijeđena
- 10 šparoga, krajeve odrezati i grubo nasjeckati
- 1/2 (16 oz.) paketa rotini, lakat ili penne
- 1 kuhana pileća prsa, kockice tjestenine
- 1/4 šalice suhih brusnica
- 3 žlice nemasne majoneze
- 1/4 šalice prženih narezanih badema
- 3 žlice balzamičnog vinaigrette preljeva za salatu
- sol i papar po ukusu
- 2 žličice soka od limuna
- 1 žličica Worcestershire umaka

UPUTE:
a) Stavite veliku tavu na srednje jaku vatru. U njemu kuhajte slaninu dok ne postane hrskava. Uklonite ga od viška masnoće. Izmrvite ga i stavite sa strane.
b) Skuhajte tjesteninu prema uputama na pakiranju.
c) Uzmite malu zdjelu za miješanje: u njoj pomiješajte majonezu, balzamični vinaigrette, limunov sok i Worcestershire umak. Dobro ih izmiješajte.
d) Uzmite veliku zdjelu za miješanje: u nju ubacite tjesteninu s preljevom. Dodajte artičoke, piletinu, brusnice, bademe, izmrvljenu slaninu i šparoge, prstohvat soli i papra.
e) Dobro ih promiješajte. Ohladite salatu u hladnjaku 1 h 10 min pa je poslužite.

15. Penne goveđe pečenje

SASTOJCI:
- 1 paket (12 unci) penne tjestenine od cjelovitog zrna pšenice
- 1 funta nemasne mljevene junetine (90% nemasne)
- 2 srednje tikvice, sitno nasjeckane
- 1 velika zelena paprika, sitno nasjeckana
- 1 manja glavica luka sitno nasjeckana
- 1 staklenka (24 unce) umaka za špagete
- 1-1/2 šalice Alfredo umaka sa smanjenim udjelom masti
- 1 šalica naribanog djelomično obranog sira mozzarella, podijeljena
- 1/4 žličice češnjaka u prahu
- Mljeveni svježi peršin, po želji

UPUTE:
a) Skuhajte penne prema uputama na pakiranju. U međuvremenu, u nizozemskoj pećnici, kuhajte govedinu, tikvice, papriku i luk na srednjoj vatri dok meso više ne bude ružičasto, izmrvite ga u mrvice; odvoditi. Umiješajte umak za špagete, umak Alfredo, 1/2 šalice sira mozzarella i češnjak u prahu. Ocijedite penne; umiješajte u mesnu smjesu.

b) Prijenos na 13x9-in. posudu za pečenje premazanu sprejom za kuhanje. Pokrijte i pecite na 375° 20 minuta. Pospite preostalim sirom mozzarella. Pecite, bez poklopca, 3-5 minuta duže ili dok se sir ne otopi. Po želji pospite peršinom.

16.Tjestenina s kremom od piletine i sira

Proizvodi: 6
SASTOJCI:
- 1 1/2 šalica brašna, plus
- 1 crvena paprika, julienne rez
- 1 žlica brašna
- 1/2 šalice bijelog vina
- 1 žlica soli
- 1/2 lb cijelih listova špinata, bez peteljke
- 2 žličice crnog papra
- 12 tekućine oz. teška krema
- 2 žličice začina od talijanskog bilja
- 1 šalica parmezana, naribanog
- 3 lbs. pileća prsa bez kosti bez kože
- 3 tekućine oz. biljno ulje, podijeljeno
- 1 lb penne tjestenine
- 1 žlica češnjaka, nasjeckanog

UPUTE:
a) Prije nego bilo što učinite, zagrijte pećnicu na 350 F.
b) Napravite plitku posudu: u nju pomiješajte 1 1/2 šalicu brašna, sol, crni papar i začin od talijanskog bilja.
c) Stavite veliku tavu otpornu na pećnicu na srednje jaku vatru i zagrijte u njoj malo ulja.
d) Premažite pileća prsa mješavinom brašna i zatim ih zapržite u tavi 4 minute sa svake strane. Prebacite tavu s piletinom u pećnicu i pecite je 17 min.
e) Skuhajte penne tjesteninu prema uputama na pakiranju dok ne postane dente.
f) Ocijedite ga i stavite sa strane.
g) Za pripremu umaka:
h) Stavite veliki lonac na srednje jaku vatru. Dodajte mu 1 oz. ulja. U njemu kuhajte crvenu papriku s češnjakom 1 min. Umiješajte brašno.
i) Umiješajte vino i kuhajte ih 1 min. Dodajte vrhnje i špinat pa ih kuhajte dok ne prokuhaju. Umiješajte sir dok se ne otopi.
j) Uzmite veliku zdjelu za miješanje: pomiješajte tjesteninu s 1/2 umaka. Poslužite tjesteninu toplu s piletinom, a zatim je prelijte preostalim umakom.

17. Pečene penne s purećim okruglicama

SASTOJCI: _

- 1 funta Mljevena puretina
- 1 veliki češanj češnjaka; mljeveno
- ¾ šalice svježih krušnih mrvica
- ½ šalice sitno nasjeckanog luka
- 3 žlice pinjola; pržen
- ½ šalice mljevenog svježeg lišća peršina
- 1 veliko jaje; lagano tučen
- 1 žličica soli
- 1 žličica crnog papra
- 4 žlice maslinovog ulja
- 1 funta Penne
- 1½ šalice krupno naribanog mozzarella sira
- 1 šalica svježe naribanog sira Romano
- 6 šalica umaka od rajčice
- 1 spremnik; (15 oz.) ricotta sira

UPUTE:

a) U zdjeli dobro promiješajte puretinu, češnjak, krušne mrvice, luk, pinjole, peršin, jaje, sol i papar te oblikujte mesne okruglice i kuhati.

b) Skuhajte tjesteninu

c) U maloj zdjeli pomiješajte mozzarellu i Romano. Žlicom stavite oko 1½ šalice umaka od rajčice i polovicu mesnih okruglica u pripremljeno jelo i na vrh stavite polovicu tjestenine.

d) Preko tjestenine rasporedite pola preostalog umaka i pola mješavine sira. Na vrh stavite preostale mesne okruglice i stavite komadiće ricotte preko mesnih okruglica. Pecite penne u sredini pećnice 30 do 35 minuta.

18. Klasična penne tjestenina

Proizvodi: 8
SASTOJCI:
- 1 (16 oz.) paket penne tjestenine
- 2 (14,5 oz.) konzerve rajčice narezane na kockice
- 2 žlice maslinovog ulja
- 1 lb škampa, oguljenih i očišćenih
- 1/4 šalice crvenog luka nasjeckanog na kockice
- 1 šalica ribanog parmezana
- 1 žlica češnjaka nasjeckanog na kockice
- 1/4 šalice bijelog vina

UPUTE:
a) Kuhajte tjesteninu u vodi i soli 9 minuta, a zatim uklonite tekućinu.
b) Sada počnite miješajući pržiti češnjak i luk na ulju dok luk ne omekša.
c) Zatim dodajte rajčice i vino.
d) Smjesu kuhajte 12 minuta uz miješanje. Zatim dodajte škampe i sve kuhajte 6 minuta.
e) Sada dodajte tjesteninu i sve sjedinite.

TJESTENINA ROTINI

19.Salata od tjestenine sa kozicama i cherry rajčicama

Napravi: 6 porcija
SASTOJCI:
- ¾ kilograma škampi, kuhani dok ne porumene, oko 2 minute, i ocijeđeni
- 12 unci rotini tjestenine

POVRĆE
- 1 tikvica, nasjeckana
- 2 žute paprike narezane na četvrtine
- 10 grožđanih rajčica, prepolovljenih
- ½ žličice soli
- ½ bijelog luka narezanog na tanke ploške
- ¼ šalice crnih maslina, narezanih
- 2 šalice mladog špinata

KREMASTI UMAK
- 4 žlice neslanog maslaca
- 4 žlice višenamjenskog brašna
- ½ žličice soli
- 1 žličica češnjaka u prahu
- 1 žličica luka u prahu
- 4 žlice prehrambenog kvasca
- 2 šalice mlijeka
- 2 žlice soka od limuna

ZA POSLUŽIVANJE
- Crni papar

UPUTE :
TJESTENINA:
a) Pripremite tjesteninu al dente prema uputama na kutiji.
b) Ocijedite, a zatim stavite na stranu.
POVRĆE:
c) Stavite tavu na umjerenu vatru i dodajte malo ulja.
d) Uz povremeno miješanje kuhajte tikvice, papriku, luk i sol 8 minuta.
e) Dodajte rajčice i kuhajte još 3 minute, ili dok povrće ne omekša.
f) Dodajte špinat i kuhajte oko 3 minute ili dok ne uvene.
KREMASTI UMAK:
g) U loncu na umjerenoj vatri otopite maslac.
h) Dodajte brašno i lagano promiješajte da dobijete glatku smjesu.
i) Dodati mlijeko i opet umutiti.
j) Umiješajte preostale sastojke za umak i pirjajte oko 5 minuta.
ZA SASTAVLJANJE:
k) Pomiješajte kuhane škampe, kuhanu tjesteninu, povrće, crne masline i kremasti umak u zdjelu za posluživanje.
l) Ukrasite posipom mljevenog crnog papra.

20. Tjestenina od svježeg limuna

Proizvodi: 8
SASTOJCI:
- 1 (16 oz.) paket trobojne rotini tjestenine
- 1 prstohvat soli i mljevenog crnog papra
- 2 rajčice, očišćene od sjemenki i narezane na kockice
- ukus
- 2 krastavca - oguljena, bez sjemenki i
- 1 avokado, narezan na kockice
- na kockice
- 1 sok od limuna
- 1 (4 oz.) limenke crnih maslina
- 1/2 šalice talijanskog preljeva ili više po ukusu
- 1/2 šalice nasjeckanog parmezana

UPUTE:
a) Skuhajte tjesteninu prema uputama na pakiranju.
b) Uzmite veliku zdjelu za miješanje: u njoj pomiješajte tjesteninu, rajčice, krastavce, masline, talijanski preljev, parmezan, sol i papar. Dobro ih promiješajte.
c) Stavite tjesteninu u hladnjak na 1 h 15 min.
d) Uzmite malu zdjelu za miješanje: umiješajte limunov sok s avokadom. Prelijte avokado salatom od tjestenine i poslužite.
e) Uživati.

21. Pepperoni rotini salata od sira

Proizvodi: 8
SASTOJCI:
- 1 (16 oz.) paket trobojne rotini tjestenine
- 1 (8 oz.) paket sira mozzarella
- 1/4 lb narezane feferone kobasice
- 1 šalica svježih cvjetova brokule
- 1 (16 oz.) boca salate u talijanskom stilu
- 1 (6 oz.) limenka crnih maslina, ocijeđenih
- zavoj

UPUTE:
a) Skuhajte tjesteninu prema uputama na pakiranju.
b) Uzmite veliku zdjelu za miješanje: u nju ubacite tjesteninu, feferoni, brokulu, masline, sir i preljev.
c) Začinite salatu i stavite je u hladnjak na 1 h 10 min. Poslužite ga.

22. Kremasta tjestenina Rotini s rajčicama u jednom loncu

Napravi: 4 porcije
SASTOJCI:
- 1 žlica maslinovog ulja
- 3 češnja mljevenog češnjaka
- 8 unci rotini tjestenine (ili bilo koje srednje tjestenine)
- 14 unci konzervirane rajčice narezane na kockice s njihovim sokom
- 3 žlice paste od rajčice
- 1 žličica talijanskog začina
- ½ žličice čili pahuljica po želji
- Posolite i popaprite po ukusu
- 2 ½ - 3 šalice vode ili temeljca (po potrebi i više)
- 2 šalice nasjeckane i kuhane piletine (ostatak ili piletina na žaru odgovara)
- ⅔ šalice gustog vrhnja
- 2 žlice nasjeckanog svježeg peršina
- 1 unca nasjeckanog svježeg parmezana
- 1 ⅓ šalice naribanog mozzarella sira

UPUTE:
a) U velikoj tavi za pećnicu zagrijte maslinovo ulje pa dodajte i pržite nasjeckani češnjak dok ne zamiriše.
b) Umiješajte nekuhanu tjesteninu, konzerviranu rajčicu, pastu od rajčice, talijanski začin, pahuljice čilija (ako koristite) i 2 ½ šalice vode. Pustite da se krčka bez poklopca dok se tjestenina ne skuha, po potrebi dodajte još vode (obično oko 11-13 minuta; pazite da ima dovoljno tekućine da napravite umak).
c) Umiješajte piletinu i vrhnje. Pustite da lagano kuha još 2-3 minute ili dok se umak malo ne zgusne i piletina se zagrije.
d) Maknite s vatre i umiješajte peršin i parmezan. Na vrh stavite sir mozzarella, zatim pecite dok ne postane mjehurić i lagano porumeni.
e) Uživajte u svojoj ukusnoj kremastoj rotini tjestenini od rajčice koja se jednostavno priprema!

23. Oštar goveđi rotini u jednom loncu

Napravi: 4 porcije
SASTOJCI:
- 3/4 funte nemasne mljevene junetine (90% nemasne)
- 2 šalice narezanih svježih gljiva
- 1 srednja glavica luka, nasjeckana
- 3 češnja češnjaka, mljevena
- 3/4 žličice talijanskog začina
- 2 šalice umaka za tjesteninu od rajčice i bosiljka
- 1/4 žličice soli
- 2 1/2 šalice vode
- 3 šalice nekuhanog rotinija od cjelovitog zrna pšenice (otprilike 8 unci)
- 1/4 šalice ribanog parmezana

UPUTE:
a) U loncu od 6 litara kuhajte prvih 5 sastojaka na srednje jakoj vatri dok govedina više ne bude ružičasta, što traje 6-8 minuta. Izmrvite govedinu i ocijedite višak masnoće.
b) Dodajte umak za tjesteninu, sol i vodu; dovedite do vrenja. Umiješajte rotini i vratite da zavrije.
c) Smanjite vatru, poklopite i pustite da se kuha 8-10 minuta ili dok tjestenina ne postane al dente, uz povremeno miješanje.
d) Poslužite posuto ribanim sirom.
e) Uživajte u ovom sočnom goveđem rotiniju napravljenom u jednom loncu, savršenom rješenju za dan sa špagetima bez neurednog posuđa.

24. Rotini s piletinom i brokulom u jednom loncu

Proizvodi: 8
SASTOJCI:
- 1 lb pilećih prsa bez kostiju i kože
- 1 žlica maslinovog ulja
- 1 žličica soli
- 1/2 žličice papra
- 1 žličica sušenog origana
- 4 šalice pileće juhe s niskim sadržajem natrija
- 1 lb nekuhanih rotinija ili tjestenine sličnog oblika
- 1 šalica gustog vrhnja
- 1 šalica nasjeckanog parmezana
- 2 šalice cvjetića brokule (na pari ili smrznute brokule u vrećici od 12 oz)
- 3 ribana češnja češnjaka

UPUTE:
a) Nasjeckajte piletinu na male komadiće veličine zalogaja.
b) Zagrijte maslinovo ulje u dubokoj posudi od 4,5 litre na srednjoj vatri.
c) Dodajte piletinu, origano, češnjak, sol i papar i kuhajte dok piletina više ne bude ružičasta, što traje oko 3-4 minute.
d) Umiješajte nekuhanu tjesteninu i juhu, pustite da zavrije, zatim poklopite i smanjite vatru na srednje nisku.
e) Kuhajte 8-10 minuta, miješajući na pola, ili dok tjestenina ne postane al dente.
f) Dodajte vrhnje, parmezan i brokulu kuhanu na pari.
g) Sve sastojke miksajte dok ne postane fino kremasto.
h) Ukrasite dodatnim parmezanom i svježim talijanskim peršinom.
i) Uživajte u ovom brzom i jednostavnom kremastom rotini jelu od piletine i brokule, pripremljenom u jednom loncu.

25. Rotini u jednoj posudi s umakom od rajčice

Napravi: 6 porcija

SASTOJCI:
- 1 funta nemasne mljevene junetine (90% nemasne)
- 1 srednja glavica luka, nasjeckana
- 2 režnja češnjaka, mljevena
- 1 žličica talijanskog začina
- 1/2 žličice papra
- 1/4 žličice soli
- 2 šalice goveđeg temeljca
- 1 konzerva (14-1/2 unci) pečene rajčice narezane na kockice, neocijeđene
- 2 šalice nekuhane spiralne tjestenine
- 1 šalica smrznutog graška
- 1 šalica jakog vrhnja za šlag
- 1/2 šalice ribanog parmezana

UPUTE:

a) U velikoj tavi kuhajte govedinu i luk na srednjoj vatri dok govedina više ne bude ružičasta, a luk omekša, što traje oko 5-10 minuta. Obavezno izlomite govedinu na mrvice, a zatim ocijedite višak masnoće.

b) Dodajte češnjak i začine i kuhajte još minutu.

c) Umiješajte goveđi temeljac i rajčice pa smjesu zakuhajte.

d) Dodajte tjesteninu i grašak, pa smanjite vatru. Pirjajte poklopljeno dok tjestenina ne omekša, što obično traje 10-12 minuta.

e) Postupno umiješajte vrhnje i sir, ali pazite da ne zavrije.

f) Uživajte u rotiniju u jednoj tavi s umakom od rajčice, obiteljski odobrenom obroku koji se lako priprema i čisti!

26.Rotini tava od parmezana

Proizvodi: 8

SASTOJCI:
- Karike talijanske svinjske kobasice od 1 funte, bez crijeva
- 1 limenka (15 oz svaka) ILI 1 kutija (14,8 oz) Hunt's® umak od rajčice
- 1 limenka (14,5 oz svaka) Hunt's® rajčice narezane na kockice, neocijeđene
- 2 šalice vode
- 1/2 žličice suhih listova bosiljka
- 1/2 žličice suhih listova origana
- 3 šalice rotini tjestenine, nekuhane
- 1 šalica ricotta sira
- 1/2 šalice Kraft® ribanog parmezanskog sira, podijeljeno
- 1/2 žličice peršinovih listića

UPUTE:
a) Izmrvite kobasicu u veliku, duboku tavu. Kuhajte 8 do 10 minuta, ili dok ravnomjerno ne porumene, često miješajući. Ocijedite kobasicu, a zatim je vratite u tavu.
b) Umiješajte umak od rajčice, neocijeđene rajčice, vodu, bosiljak i origano. Zakuhajte smjesu. Dodajte tjesteninu i promiješajte. Poklopite, zatim pirjajte na srednje niskoj temperaturi 18 do 20 minuta ili dok tjestenina ne omekša, povremeno miješajući.
c) Pomiješajte ricottu, 1/4 šalice parmezana i peršin. Ovom smjesom žlicom prelijte tjesteninu, a zatim je lagano promiješajte žlicom. Odozgo pospite preostalim parmezanom.
d) Uživajte u svojoj aromatičnoj tavi s parmezanom Rotini Skillet, brzom i zadovoljavajućem obroku pripremljenom u samo jednoj posudi.

27. Rotini s piletinom u jednoj posudi

Proizvodi: 4

SASTOJCI:
- 1 žlica maslinovo ulje
- 1 žličica mljeveni češnjak
- 8 oz. suha rotini tjestenina (2 šalice)
- 4 oz. nemasni krem sir, na kocke
- 1 šalica nasjeckane mrkve u vrećici
- 2 šalice nasjeckane kuhane piletine (ili šunke)
- 2 konzerve (14,5 oz svaka) zelenog graha s gljivama, ocijeđenog
- 1/2 šalice ribanog parmezana
- 1/4 šalice nasjeckanog svježeg bosiljka

UPUTE:
a) Zagrijte maslinovo ulje u dubokoj tavi od 10 inča; dodajte češnjak i kuhajte 30 sekundi uz stalno miješanje.
b) Pažljivo dodajte 3 1/2 šalice vode i zakuhajte. Umiješajte tjesteninu, vratite da zavrije i smanjite na srednju vatru. Kuhajte na laganoj vatri prema uputama na pakiranju, često miješajući, dok tjestenina ne postane al dente, što je obično oko 2 minute duže od uputa na pakiranju. NEMOJTE CIJEDITI.
c) Pomiješajte krem sir, mrkvu, piletinu (ili šunku), zelene mahune i parmezan. Kuhajte 4 minute ili dok se ne zagrije, a mrkva postane mekana-hrskava.
d) Prije posluživanja umiješajte bosiljak.
e) Uživajte u svom pilećem rotiniju u jednoj tavi, ukusnom i učinkovitom načinu da iskoristite ostatke i napravite zadovoljavajući obrok.

JUMBO ŠKOLJKE

28.Talijanske kobasice punjene školjke

Priprema: 4-6 porcija
SASTOJCI:
ZA TJEsteninu:
- 24 ljuske jumbo tjestenine

ZA KOBASICE MARINARA:
- 1 funta (450 g) talijanske kobasice, skinuta ovojnica
- 1 manja glavica luka sitno nasjeckana
- 2 češnja češnjaka, mljevena
- Limenka od 28 unci zdrobljenih rajčica
- 1 žličica sušenog bosiljka
- 1 žličica sušenog origana
- Sol i crni papar, po ukusu

ZA NADJEV I GARNIRU:
- 2 šalice ricotta sira
- 1 ½ šalice naribanog mozzarella sira
- ½ šalice ribanog parmezana
- ¼ šalice svježeg peršina, nasjeckanog
- 1 jaje

ZA MONTAŽU:
- Maslinovo ulje za mazanje

UPUTE:
ZA TJEsteninu:
a) Zagrijte pećnicu na 350°F (175°C).
b) Skuhajte ljuske jumbo tjestenine prema uputama na pakiranju dok ne budu al dente.
c) Ocijedite ih i ostavite sa strane da se ohlade.

ZA KOBASICE MARINARA:
d) U velikoj tavi zagrijte malo maslinovog ulja na srednje jakoj vatri.
e) Dodajte talijansku kobasicu i kuhajte dok ne porumeni i ne bude više ružičasta, rastavljajući je žlicom. Uklonite sav višak masnoće.
f) Dodajte nasjeckani luk i nasjeckani češnjak u tavu s kobasicom i kuhajte oko 2-3 minute dok luk ne postane proziran.
g) Umiješajte zgnječenu rajčicu, sušeni bosiljak, sušeni origano, sol i crni papar.
h) Umak kuhajte oko 10 minuta da se okusi stope i malo zgusnu. Maknite s vatre.

ZA NADJEV:
i) U zdjeli za miješanje pomiješajte ricotta sir, 1 šalicu mozzarelle sira, ¼ šalice parmezana, nasjeckani peršin i jaje.
j) Dobro izmiješajte da dobijete smjesu za nadjev.

SASTAVI:
k) Posudu za pečenje namazati maslinovim uljem.
l) Na dno posude namažite tanki sloj marinara umaka od kobasica.
m) Svaku kuhanu ljusku tjestenine pažljivo napunite smjesom od sira i posložite u pripremljenu posudu za pečenje.
n) Nadjevene školjke prelijte preostalim marinara umakom.
o) Pospite preostalih ½ šalice sira mozzarelle i preostali parmezan na vrh školjki.

PEĆI:
p) Posudu za pečenje prekrijte aluminijskom folijom i pecite u prethodno zagrijanoj pećnici 20-25 minuta.
q) Uklonite foliju i nastavite peći još 10 minuta, ili dok sir ne postane pjenušav i blago zlatne boje.
r) Ostavite jelo da se ohladi nekoliko minuta, a zatim poslužite svoje ljuske punjene talijanskim kobasicama vruće, po želji ukrašene dodatnim svježim peršinom.

29. Školjke punjene špinatom i tri sira

Čini: 6 DO 8
SASTOJCI:
- 2 žlice ekstra djevičanskog maslinovog ulja
- 1 funta mljevene začinjene talijanske kobasice
- 2 (28 unci) konzerve zdrobljenih rajčica, kao što su San Marzano ili Pomi rajčice
- 1 crvena paprika, očišćena od sjemenki i narezana na ploške
- 2 žličice sušenog origana
- ½ žličice zdrobljenih pahuljica crvene paprike, plus još po potrebi
- Košer sol i svježe mljeveni papar
- 1 (8 unca) vrećica smrznutog nasjeckanog špinata, odmrznutog i ocijeđenog suhog
- 1 (1 funta) kutija ljuski jumbo tjestenine
- 16 unci ricotta sira od punomasnog mlijeka
- 2 šalice nasjeckanog sira Gouda
- 1 šalica svježeg lišća bosiljka, nasjeckanog, plus još za posluživanje
- 8 unci svježeg sira mozzarella, natrganog

UPUTE:
a) Zagrijte pećnicu na 350°F.
b) Zagrijte maslinovo ulje u velikoj tavi za pećnicu na srednje jakoj vatri. Kad ulje zasvijetli, dodajte kobasicu i kuhajte, lomeći je drvenom kuhačom, dok ne porumeni, 5 do 8 minuta. Smanjite vatru na nisku i dodajte zgnječenu rajčicu, papriku, origano, ljuskice crvene paprike te po prstohvat soli i papra. Kuhajte dok se umak malo ne zgusne, 10 do 15 minuta. Umiješajte špinat. Probajte i dodajte još soli, papra i pahuljica crvene paprike.
c) U međuvremenu zakuhajte veliki lonac posoljene vode na jakoj vatri. Dodajte školjke i kuhajte prema uputama na pakiranju, dok ne budu al dente. Dobro ocijediti.
d) U srednjoj zdjeli pomiješajte ricottu, gaudu i bosiljak. Prebacite smjesu u vrećicu s patentnim zatvaračem veličine galona. Gurnite smjesu u jedan kut vrećice, istisnite zrak iz vrha vrećice i odrežite oko ½ inča s tog kuta.
e) Radeći s jednom po jednom, ulijte oko 1 žlicu smjese sira u svaku školjku, a zatim ih stavite u tavu. Školjke ravnomjerno pospite mozzarellom.
f) Premjestite tavu u pećnicu i pecite dok se sir ne otopi i lagano porumeni na vrhu, 25 do 30 minuta.

30.Dekadentne školjke punjene špinatom

SASTOJCI:
- 1 paket (12 unci) ljuski jumbo tjestenine
- 1 staklenka (24 unce) pečene crvene paprike i umaka za tjesteninu
- 2 paketa (svaki po 8 unci) krem sira, omekšali
- 1 šalica pečenog češnjaka Alfredo umaka
- Dash soli
- Crtica papra
- Nabacite pahuljice mljevene crvene paprike, po želji
- 2 šalice nasjeckane mješavine talijanskog sira
- 1/2 šalice ribanog parmezana
- 1 paket (10 unci) smrznutog nasjeckanog špinata, odmrznutog i ocijeđenog
- 1/2 šalice sitno nasjeckanih srca artičoka prelivenih vodom
- 1/4 šalice sitno nasjeckane pečene slatke crvene paprike
- Dodatni parmezan, po želji

UPUTE:
a) Zagrijte pećnicu na 350°. Skuhajte ljuske tjestenine prema uputama na pakiranju za al dente. Ocijediti.

b) Raširite 1 šalicu umaka u podmazanu posudu veličine 13x9 in. posuda za pečenje. U velikoj zdjeli pomiješajte krem sir, Alfredo umak i začine dok se ne sjedine. Umiješajte sireve i povrće. Žlicom stavite školjke. Složiti u pripremljenu posudu za pečenje.

c) Preko vrha prelijte preostali umak. Pecite poklopljeno 20 minuta. Po želji dodatno pospite parmezanom. Pecite nepokriveno još 10-15 minuta ili dok se sir ne otopi.

31.Jumbo ljuske tjestenine punjene češnjakom

Pravila: 24 porcije
SASTOJCI:
- 500 grama jumbo tjestenine, kuhajte dok ne omekša i ocijedite
- 6 žlica maslaca
- 6 režnjeva češnjaka, sitno nasjeckanog (sa prstohvatom soli)
- 500 grama Ricotta sira
- 250 grama svježeg sira
- 1/4 šalice ribanog parmezana
- 6 ploški pršuta sitno nasjeckanih
- 6 žlica brašna
- 2 šalice mlijeka
- 1 šalica gustog vrhnja
- 1/2 šalice svježe nasjeckanog peršina
- 6 fileta inćuna, sitno nasjeckanih
- 3 žlice svježe nasjeckanog peršina
- 3 žlice svježeg bosiljka, nasjeckanog
- 2 žumanjka, istučena
- Posolite i popaprite po ukusu

UPUTE:

a) Započnite topljenjem maslaca u loncu na laganoj vatri. Dodajte sitno nasjeckani češnjak i pirjajte dok ne počne dobivati zlatnosmeđu boju. Maknite s vatre i dodajte brašno.

b) Vratite lonac na vatru i kuhajte uz stalno miješanje dvije minute. Paziti da brašno ne promijeni boju.

c) Maknite s vatre i odjednom dodajte mlijeko i vrhnje. Snažno miješajte dok smjesa ne postane glatka. Stavite tavu na srednju vatru i dodajte peršin i inćune.

d) Kuhajte i neprestano miješajte dok umak ne dobije gustoću vrhnja. Maknite s vatre i začinite solju i paprom po ukusu. Držite ga nepokrivenim.

e) U velikoj zdjeli za miješanje pomiješajte ricottu, svježi sir, parmezan, peršin, bosiljak, pršut i umućene žumanjke. Posolite i popaprite po ukusu i dobro promiješajte.

f) Svaku jumbo školjku napunite dijelom smjese od sira. Lagano pritisnite duge strane svake ljuske zajedno kako bi zadržali svoj izvorni oblik od prije kuhanja. Uklonite sav višak nadjeva.

g) Ulijte otprilike dvije šalice umaka na dno posude za pečenje dovoljno velike da primi sve 24 školjke u jednom sloju. Nadjevene školjke stavite u posudu i prelijte preostalim umakom.

h) Pecite u prethodno zagrijanoj pećnici na 375°F 15 minuta. Poslužite odmah. Uživajte u svojim ukusnim jumbo tjesteninama punjenim češnjakom!

32. Školjke tjestenine punjene pločom za kuhanje

Sastav: Približno 4 do 6 osoba
SASTOJCI:
- 15 ljuski jumbo tjestenine
- 1 ½ šalice ricotta sira
- 2 šalice ribanog mozzarella sira, podijeljeno
- ¾ šalice ribanog parmezana, podijeljeno
- 2 žlice svježeg lišća bosiljka, grubo nasjeckanog
- ½ žličice soli
- ¼ žličice crnog papra
- 2 šalice marinara umaka

UPUTE:
a) Započnite kuhanjem velikog lonca slane vode. Dodajte svoje ljuske tjestenine u lonac i kuhajte prema uputama na pakiranju, nastojeći da bude al dente.
b) Savjet: skuhajte nekoliko dodatnih ljuski ako želite imati rezervu u slučaju da se neka pukne ili slomi (događa se!). Ako niste zahtjevni, skuhajte točno 15 školjaka.
c) Kuhane ljuske tjestenine ispirite pod hladnom vodom dok se dovoljno ne ohlade za rukovanje, zatim ih ocijedite. Ostavite ih sa strane dok pripremate nadjev od sira.
d) U zdjeli srednje veličine pomiješajte ricottu, 1 šalicu mozzarelle, ½ šalice parmezana, bosiljak, sol i papar. Miješajte dok se svi sastojci dobro ne sjedine.
e) Svaku školjku napunite s otprilike 1 do 2 žlice smjese od sira. Pazite da nadjev čvrsto zapakirate kako se tijekom kuhanja ne bi otopio i razlio. Nastavite dok se ne napune sve školjke.
f) Ulijte marinara umak u veliku tavu s visokim stranicama. Nadjevene školjke pažljivo posložite u tavu, pazeći da vrhovi školjki ostanu iznad umaka (tako se nadjev od sira ne otopi u umaku, iako je i dalje ukusan).
g) Preostalu 1 šalicu mozzarelle i ¼ šalice parmezana pospite preko školjki. Pokrijte tavu i stavite je na plamenik ploče štednjaka postavljen na srednje nisku temperaturu. Kuhajte dok se sir na vrhu ne otopi, a ljuske zagriju, što obično traje oko 10 minuta.
h) Uživajte u svojim sjajnim ljuskama tjestenine punjenim pločom za kuhanje!

33. Vegetarijanska tava punjena školjkama

SASTOJCI:
- 18 ljuski jumbo tjestenine (otprilike 6 oz.)
- 1 1/2 žličica košer sol, plus dodatak za začin
- 2 žlice ekstra djevičansko maslinovo ulje
- 1/2 lb crimini gljiva, tanko narezanih
- 1 žličica svježe mljeveni crni papar
- 1/2 šalice suhog bijelog vina ili vermuta
- 5 oz. mladi špinat
- 6 režnjeva češnjaka, tanko narezanih
- 2 žlice Neslani maslac
- 3 šalice marinara umaka
- 1/2 žličice mljevene pahuljice crvene paprike
- 2 šalice ricotte od punomasnog mlijeka
- 3 oz. sitno naribanog parmezana (oko 1 šalice), plus još za posluživanje
- 3 žlice sitno sjeckani origano, podijeljen

UPUTE:
a) Kuhajte ljuske tjestenine u velikom loncu kipuće, posoljene vode, povremeno miješajući dok ne budu vrlo al dente, otprilike 9 minuta. Ocijedite ih i ostavite pod hladnom vodom kako biste zaustavili kuhanje. Ponovno ocijedite.
b) Dok se tjestenina kuha, zagrijte maslinovo ulje u velikoj tavi na jakoj vatri. Dodajte sitno narezane šampinjone i kuhajte uz povremeno miješanje dok ne puste sok, zatim postanu suhi i lijepo porumene, što traje oko 5-6 minuta. Začinite crnim paprom i 1 žličicom. soli. Smanjite vatru na srednju, dodajte vino i kuhajte uz miješanje dok se ne smanji na pola, što traje 1-2 minute. Dodajte mladi špinat, poklopite i kuhajte dok ne počne venuti, oko 1-2 minute. Otklopite i nastavite kuhati uz povremeno miješanje dok špinat potpuno ne uvene, a većina tekućine ispari, još oko 2-4 minute. Prebacite smjesu gljiva u veliku zdjelu i odvojite tavu.
c) Kuhajte češnjak i maslac u rezerviranoj tavi na srednje jakoj vatri, povremeno miješajući, dok češnjak ne zamiriše i ne počne tamniti, što traje 2-3 minute. Dodajte marinara umak i ljuskice crvene paprike i pustite da lagano kuha na laganoj vatri. Kuhajte, povremeno miješajući, dok se ne zagrije, oko 6-8 minuta.
d) Dok se umak kuha, dodajte ricottu, 3 oz. parmezana, 2 žlice. origana, a preostalih 1/2 žličice. soli u smjesu gljiva i promiješajte da se sjedini. Žlica oko 2 žlice. smjese ricotte u svaku školjku, puneći ih do kraja, ali ne prepuni.
e) Punjene školjke ugnije--dite u vrući umak u tavi. Poklopite i kuhajte na srednjoj vatri dok se školjke ne zagriju, 4-6 minuta. Maknite s vatre i ostavite 5 minuta. Pospite parmezanom i preostalom 1 žlicom. od origana.
f) Uživajte u prekrasnim vegetarijanskim punjenim školjkama na tavi!

34.Ljuske tjestenine punjene tacosom

Proizvodi: 8

SASTOJCI:
- 8 oz nekuhane ljuske jumbo tjestenine (otprilike 24 ljuske iz kutije od 12 oz)
- 1 lb nemasne (najmanje 80%) mljevene govedine
- 1 paket (1 oz) mješavine začina za taco
- 1 konzerva (14,5 oz) mljevene rajčice pečene na vatri, neocijeđene
- 1 paket (8 oz) nasjeckane mješavine meksičkog sira (jednako 2 šalice)
- 1 šalica rajčice šljive (Roma) narezane na kockice
- 1/4 šalice nasjeckanog svježeg cilantra

UPUTE:
a) Zagrijte pećnicu na 350°F. Skuhajte ljuske tjestenine prema uputama na kutiji i zatim ih ocijedite.
b) U neljepljivoj tavi od 12 inča kuhajte mljevenu govedinu na srednje jakoj vatri oko 5 minuta, često miješajući, dok ne bude potpuno kuhana. Ocijedite višak masnoće. Dodajte mješavinu začina za taco, zgnječenu rajčicu i 1 šalicu nasjeckanog sira. Dobro promiješajte dok se sir potpuno ne otopi.
c) Napunite svaku ljusku tjestenine s otprilike 1 žlicom goveđe smjese i stavite ih u nenamazanu staklenu posudu za pečenje veličine 13x9 inča (3 litre). Napunjene školjke pospite rajčicama narezanim na kockice i nasjeckanim cilantrom, a zatim pospite preostalom 1 šalicom sira.
d) Pecite 15 do 20 minuta ili dok se jelo ne zagrije, a sir savršeno otopi. Poslužite takosom punjene ljuske tjestenine dok su tople.
e) Uživajte u svojim jedinstvenim i slatkim školjkama od tjestenine punjenim tacosom!

35. Ljetne punjene školjke

Sastav: 6 osoba
SASTOJCI:
- 20 do 25 ljuski jumbo tjestenine, kuhane
- 2 žlice maslinovog ulja
- 1 slatki luk, narezan na kockice
- 4 češnja češnjaka, mljevena
- 1 tikvica, nasjeckana
- 2 klasja kukuruza, zrna izrezana iz klipa
- Košer sol i papar
- 15 unci ricotta sira
- 1 veće jaje, lagano tučeno
- 2 šalice svježe naribane mozzarelle ili provolone sira
- 1/2 šalice sitno ribanog parmezana, plus dodatak za posluživanje
- 2/3 šalice pesta (po mogućnosti pesta od bosiljka)
- 2 šalice marinara umaka
- Svježi bosiljak, za posluživanje

UPUTE:

a) Zagrijte pećnicu na 350 stupnjeva F. Skuhajte ljuske tjestenine u slanoj vodi prema uputama na pakiranju. Kad su kuhane, ocijedite ih.

b) Zagrijte maslinovo ulje u holandskoj pećnici ili tavi od lijevanog željeza. Dodajte luk nasjeckan na kockice i nasjeckani češnjak, zajedno s prstohvatom soli i papra. Kuhajte uz često miješanje dok malo ne omekšaju. Umiješajte nasjeckane tikvice i kukuruz s još prstohvatom soli i papra. Kuhajte dok ne omekšaju, što bi trebalo trajati oko 5 do 6 minuta. Ugasite vatru i ostavite da se malo ohladi.

c) U velikoj zdjeli pomiješajte sir ricotta, razmućeno jaje, 1 šalicu sira mozzarella, sir parmezan i 1/3 šalice pesta. Dodajte prstohvat soli i papra i miješajte dok se dobro ne sjedini. Prebacite smjesu tikvica i kukuruza u smjesu ricotte i miješajte dok se potpuno ne sjedine.

d) Dodajte marinara umak u posudu za pećnicu u kojoj ste kuhali smjesu tikvica i kukuruza.

e) Uzmite svaku školjku jumbo tjestenine i napunite je s 2 do 3 žlice nadjeva od ricotte i pesta. Nadjevene školjke stavite u marinara umak u tavu. Ponovite s preostalim školjkama. Ako imate viška ljuski, dodajte malo umaka u malu posudu za pečenje ili tavu i tamo naslažite školjke.

f) Nanesite preostali pesto na vrh školjki. Preko njih pospite preostali sir mozzarella. Pecite 25 do 30 minuta, dok jelo ne postane toplo, zlatno i s mjehurićima.

g) Izvadite posudu iz pećnice i ostavite da odstoji nekoliko minuta. Prelijte dodatnim parmezanom, svježim bosiljkom i još više pesta po želji. Poslužite i uživajte u svojim ukusnim ljetnim punjenim školjkama!

TJESTENINA LINGUINE

36.Salata od tjestenine Romano Linguine

Proizvodi: 6
SASTOJCI:
- 1 (8 oz.) paket linguine tjestenine
- 1/2 žličice pahuljica crvene paprike
- 1 (12 oz.) vrećica cvjetova brokule, narezanih na komade veličine zalogaja
- 1/4 žličice mljevenog crnog papra
- soli po ukusu
- 1/4 šalice maslinovog ulja
- 4 žličice mljevenog češnjaka
- 1/2 šalice sitno nasjeckanog sira Romano
- 2 žlice sitno nasjeckanog svježeg plosnatog peršina

UPUTE:
a) Skuhajte tjesteninu prema uputama na pakiranju.
b) Zakuhajte lonac vode. Na vrh stavite kuhalo za kuhanje na pari. U njemu kuhajte brokulu na pari 6 min
c) Stavite lonac na srednju vatru. Zagrijte ulje u njemu. Na njemu pirjajte češnjak s paprom 2 min.
d) Uzmite veliku zdjelu za miješanje: u nju prebacite pirjani češnjak s tjesteninom, brokulom, romano sirom, peršinom, crnim paprom i soli. Dobro ih izmiješajte.
e) Prilagodite začinjanje salate. Poslužite odmah.
f) Uživati.

37. Ricotta tjestenina od limuna sa slanutkom

Proizvodi: 4
SASTOJCI:
- 8 unci linguine tjestenine
- 1 šalica ricotta sira
- 1 konzerva (15 unci) slanutka, ocijeđena i isprana
- 3 šalice toskanskog kelja, uklonjene peteljke i grubo nasjeckane
- 2 žlice ekstra djevičanskog maslinovog ulja
- 3 češnja češnjaka, mljevena
- 1 žlica limunove korice
- 2 žlice soka od limuna
- Posolite i popaprite po ukusu
- Kriške limuna, za ukras

UPUTE:
a) Započnite kuhanjem velike količine slane vode u velikom loncu. Slijedite upute na pakiranju linguine i kuhajte dok ne postigne željenu teksturu al dente.
b) Nakon kuhanja, ocijedite tjesteninu, ali svakako ostavite oko ½ šalice vode od tjestenine. Ostavite tjesteninu i sačuvanu vodu sa strane.
c) Zagrijte malo maslinovog ulja u velikoj tavi na srednje jakoj vatri. Dodajte nasjeckani češnjak u tavu i pirjajte ga otprilike 1 minutu dok ne postane mirisan i lagano zlaćan.
d) Stavite toskanski kelj u tavu i kuhajte ga oko 3-4 minute uz povremeno miješanje dok ne uvene i ne omekša.
e) Smanjite vatru da lagano krčka i u tavu umiješajte sir ricotta, limunovu koricu i limunov sok. Dobro promiješajte sastojke, pazeći da se sjedine u glatki i kremasti umak.
f) Pažljivo ubacite slanutak i kuhani linguine, pazeći da su ravnomjerno obloženi kremastim umakom. Ako vam se umak čini pregust, postupno dodajte male količine vode za tjesteninu kako biste postigli željenu gustoću.
g) Začinite jelo solju i paprom po svom ukusu. Pustite da se okusi stope zajedno kuhajući još 2-3 minute.
h) Uklonite tavu s vatre i podijelite Linguine s ricottom od limuna na pojedinačne tanjure za posluživanje. Za dodatni nalet citrusnog okusa, svaki tanjur ukrasite kriškama limuna.
i) Poslužite jelo odmah dok je još vruće i uživajte u njegovim svježim i živim okusima.
j) Za savršenu pratnju, uparite ovaj Linguine s ricottom od limuna i slanutkom s hrskavim bijelim vinom i poslužite ga uz malo kruha s češnjakom za zadovoljavajući i potpuni obrok.

38.Škampi Carbonara

Proizvodi: 6

SASTOJCI:
- ¼ šalice maslinovog ulja, podijeljeno
- 1 lb pileće kocke
- 4 žlice nasjeckanog češnjaka, podijeljene
- 1 žličica majčine dušice
- 1 žličica origana
- 1 žličica bosiljka
- 1 lb oguljenih i očišćenih škampa
- 16 oz. linguine
- 6 narezane slanine
- Posolite i popaprite po ukusu
- 1 kosani luk
- 1 šalica narezanih gljiva
- 1 nasjeckana crvena paprika
- 2 šalice gustog vrhnja
- 1 šalica mlijeka
- 1 ½ šalice ribanog parmezana
- 2 žumanjka
- 1 šalica bijelog vina.

UPUTE:
a) Zagrijte 2 žlice maslina u velikoj tavi.
b) Propirjajte pola češnjaka i začinite timijanom, origanom i bosiljkom.
c) Umiješajte piletinu i kuhajte na laganoj vatri 10 minuta.
d) Stavite piletinu na tanjur i ostavite sa strane.
e) U istoj tavi zagrijte 2 žlice maslinovog ulja i pirjajte preostali češnjak 2 minute.
f) Umiješajte škampe i kuhajte na laganoj vatri 6 minuta.
g) Premjestite škampe s piletinom.
h) Linguine kuhajte u posoljenoj vodi 12 minuta.
i) Ponovno na istoj tavi popržite slaninu do kraja, oko 5 minuta.
j) Slaninu ocijedite na papirnatom ručniku i izmrvite. Staviti na stranu.
k) Na masnoći od slanine pirjajte luk, papriku i gljive 5 minuta.
l) Pomiješajte vrhnje, mlijeko, parmezan, žumanjke, sol i papar u zdjeli.
m) Dodajte vino u luk, papar i gljive u tavi i pustite da prokuha.
n) Kuhajte na laganoj vatri 5 minuta.
o) Umiješajte smjesu od vrhnja i kuhajte 5 minuta.
p) Kozice i piletinu vratite u tavu i premažite umakom.
q) Uz tjesteninu poslužite škampe i piletinu.

39.Linguine i umak od školjki

Proizvodi: 4

SASTOJCI:
- 16 oz. linguini
- 1 žlica maslinovog ulja
- 1 kosani luk
- 5 mljevenih režnjeva češnjaka
- ½ šalice maslaca
- Posolite i popaprite po ukusu
- ¼ šalice suhog bijelog vina
- ¼ šalice soka od školjki
- 1 ½ šalice nasjeckanih školjki
- 1 žličica pahuljica crvene paprike

UPUTE:
a) Linguine kuhajte u posoljenoj vodi 10 minuta. Ocijediti.
b) Zagrijte maslinovo ulje u tavi i pirjajte luk i češnjak 5 minuta.
c) Dodajte maslac, sol, papar, vino i sok od školjki.
d) Pirjajte 25 minuta. Umak treba reducirati i zgusnuti.
e) Umiješajte školjke i pirjajte 5 minuta.
f) Stavite linguine u zdjelu i prelijte umakom od školjki.
g) Poslužite preliveno listićima crvene paprike.

TJESTENINA ANĐEOSKA KOSA

40. Tjestenina u jednoj tavi

Napravi: 5 porcija
SASTOJCI:
- 1-1/2 funte mljevene puretine
- 1 srednja glavica luka, sitno nasjeckana
- 1 srednja slatka crvena paprika, sitno nasjeckana
- 1 konzerva (28 unci) rajčice narezane na kockice, neocijeđene
- 1 konzerva (14-1/2 unci) pečene rajčice narezane na kockice, neocijeđene
- 1 limenka (14-1/2 unce) goveđe juhe sa smanjenim sadržajem natrija
- 1 limenka (4 unce) narezanih gljiva, ocijeđenih
- 1 žlica pakiranog smeđeg šećera
- 1 žlica čilija u prahu
- 8 unci nekuhane tjestenine s anđeoskom dlakom
- 1 šalica nasjeckanog cheddar sira

UPUTE:
a) U velikoj tavi od lijevanog željeza ili drugoj teškoj tavi, kuhajte puretinu, luk i papriku na srednjoj vatri dok meso više ne bude ružičasto; odvoditi.
b) Dodajte rajčice, juhu, gljive, smeđi šećer i čili u prahu. Pustite da prokuha. Smanjite toplinu; pirjajte nepoklopljeno 30 minuta.
c) Dodajte tjesteninu; vratite na kuhanje. Smanjite toplinu; poklopite i pirjajte dok tjestenina ne omekša, 30-35 minuta. Pospite sirom. Poklopite i kuhajte dok se sir ne otopi, još 2-3 minute.

41. Pečenje kozica s anđeoskom kosom

SASTOJCI :
- 1 paket (9 unci) ohlađene tjestenine za anđeosku kosu
- 1-1/2 funte nekuhanih srednjih škampa, oguljenih i očišćenih
- 3/4 šalice izmrvljenog feta sira
- 1/2 šalice nasjeckanog švicarskog sira
- 1 staklenka (16 unci) chunky salse
- 1/2 šalice naribanog Monterey Jack sira
- 3/4 šalice nasjeckanog svježeg peršina
- 1 žličica sušenog bosiljka
- 1 žličica sušenog origana
- 2 velika jaja
- 1 šalica vrhnja pola-pola
- 1 šalica običnog jogurta
- Nasjeckani svježi peršin, po želji

UPUTE:
a) U podmazanoj 13x9-in. posudu za pečenje, naslažite pola tjestenine, škampe, feta sir, švicarski sir i salsu. Ponovite slojeve. Pospite Monterey Jack sirom, peršinom, bosiljkom i origanom.

b) U maloj zdjelici umutiti jaja, vrhnje i jogurt; preliti po tepsiji. Pecite, nepokriveno, na 350° dok termometar ne pokaže 160°, 25-30 minuta. Pustite da odstoji 5 minuta prije posluživanja. Po želji pospite nasjeckanim peršinom.

42. Tava sa škampima

SASTOJCI:
- 5 žlica maslaca
- 2 žlice maslinovog ulja
- ½ cijele glavice luka, sitno nasjeckane na kockice
- 4 režnja Češnjak, mljeveni
- Veliki škampi od 1 funte, oguljeni i očišćeni
- ½ šalice bijelog vina
- 4 crtice ljutog umaka
- 2 cijela limuna, iscijeđena
- Sol i svježe mljeveni crni papar, po ukusu
- 8 unci, težina Angel Hair Pasta
- Nasjeckani svježi bosiljak po ukusu
- Nasjeckani svježi peršin, po ukusu
- ½ šalice svježeg ribanog parmezana

UPUTE:
a) Zagrijte maslinovo ulje i otopite maslac u velikoj tavi na srednje jakoj vatri. Dodajte luk

b) i češnjak i kuhajte dvije ili tri minute, ili dok luk ne postane proziran. Dodajte škampe, pa promiješajte i kuhajte par minuta. Iscijedite sok od limuna. Dodajte vino, maslac, sol i papar te ljuti umak. Po želji možete dodati još ljutog umaka. Promiješajte i smanjite vatru na najnižu.

c) Ubacite tjesteninu s anđeoskom kosom u kipuću vodu. Kuhajte dok nije gotovo/AL dente.

d) Ocijedite, ostavljajući šalicu ili dvije vode od tjestenine.

e) Uklonite tavu s vatre. Dodajte tjesteninu i promiješajte, dodajući malo vode za tjesteninu ako je treba razrijediti. Probajte začine, po potrebi dodajte sol i papar.

f) Izlijte na veliki pladanj za posluživanje, a zatim pospite svježe naribanim parmezanom i mljevenim peršinom. Poslužite odmah. Uživati.

NJOKI

43.Kremasta piletina i njoki u jednoj tavi

Napravi: 4 porcije
SASTOJCI:
- 1 1/2 lb. pilećih prsa bez kože i kostiju
- Košer soli
- Svježe mljeveni crni papar
- 2 žlice ekstra djevičanskog maslinovog ulja (podijeljeno)
- 1 mala ljutika, narezana na kockice
- 8 oz. baby bella gljive, narezane na ploške
- 2 češnja češnjaka, mljevena
- 2 žličice listovi svježeg timijana
- 1 žličica sušeni origano
- 1 šalica pileće juhe s niskim sadržajem natrija
- 1 1/4 šalice pola-pola
- Prstohvat mljevene crvene paprike
- 1 (17 oz.) pakiranje njoka
- 3/4 šalice naribane mozzarelle
- 1/2 šalice svježe ribanog parmezana
- 3 šalice pakiranog mladog špinata

UPUTE:
a) Piletinu posolite i popaprite s obje strane. U velikoj tavi na srednje jakoj vatri zagrijte 1 žlicu ulja. Dodajte piletinu i pecite dok ne poprimi zlatnu boju, otprilike 4 minute po strani. Izvadite piletinu iz tave.
b) Smanjite vatru na srednju i dodajte preostalu 1 žlicu ulja. Dodajte ljutiku i gljive i kuhajte dok ne porumene, što traje oko 5 minuta. Dodajte češnjak, majčinu dušicu i origano i kuhajte još minutu dok ne zamiriše. Ulijte pileću juhu i ostružite smeđe komadiće s dna posude. Polako dodajte pola-pola. Zakuhajte smjesu i začinite je solju, paprom i prstohvatom crvene paprike. Umiješajte njoke i vratite piletinu u tavu. Pustite da se krčka dok piletina ne bude potpuno pečena s unutarnjom temperaturom od 165°F, što bi trebalo trajati 8 do 10 minuta. Povremeno promiješajte. Nakon što je piletina pečena, izvadite je iz tave.
c) Dodajte mozzarellu i parmezan i miješajte dok se ne otope. Zatim dodajte špinat i miješajte dok ne uvene.
d) Narežite piletinu i vratite je u tavu. Začinite s još soli i papra po ukusu.

44. Njoki s pestom od trava

Napravi: 1 porciju

SASTOJCI:
- 6 litara Posoljena voda
- Njoki
- ½ šalice Pileći temeljac ili sačuvana voda za kuhanje njoka
- 3 žlice Neslani maslac
- 1 šalica Mahune
- 6 žlica Pesto od začinskog bilja
- Sol i papar
- ½ šalice svježe naribanog sira Parmigiano-Reggiano

UPUTE:

a) Zakuhajte posoljenu vodu pa dodajte njoke. Kuhajte njoke, lagano miješajući dok ne omekšaju, otprilike 1 minutu nakon što se dignu na površinu lonca.

b) Za to vrijeme u velikoj dubokoj tavi zakuhajte temeljac i maslac na srednjoj vatri. Dodajte grah i pesto te začinite solju i paprom po ukusu. Zakuhajte i maknite s vatre.

c) Njoke izvadite iz vode i dodajte u tavu. Zagrijte dok se ne prekrije umakom. Maknite s vatre i umiješajte sir. Poslužite odmah.

45. Njoki od kadulje i mascarponea

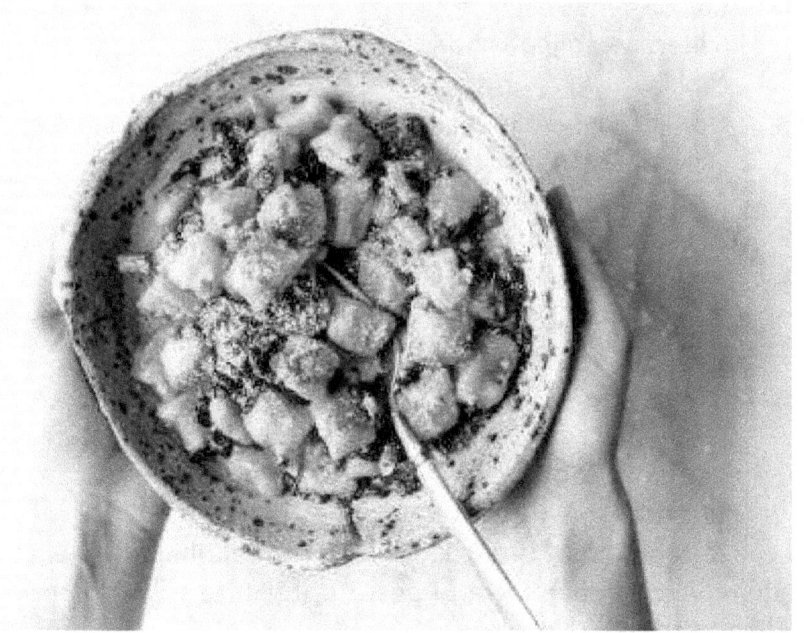

Proizvodi: 12
SASTOJCI:
- 1 lb butternut tikve
- 1/2 šalice neslanog maslaca
- 1 šalica mascarpone sira
- 1 prstohvat kajenskog papra
- 1/2 šalice sitno naribanog Parmigiano-Reggiano
- sol i mljeveni crni papar po ukusu
- sir
- 1/4 šalice tanko narezanih listova svježe kadulje
- 2 velika jaja
- 1 žlica sitno naribanog Parmigiano-Reggiano
- 1 1/2 žličice soli
- sir
- 1/2 žličice mljevenog crnog papra
- 1 šalica višenamjenskog brašna, podijeljena

UPUTE:

a) Butternut tikvi odrežite stabljiku i prepolovite po dužini.
b) U posudu za mikrovalnu pećnicu stavite butternut tikvicu.
c) Pokrijte posudu plastičnom folijom i stavite u mikrovalnu oko 8 minuta.
d) Prebacite tikvicu na tanjur obložen papirnatim ručnikom da se ohladi, a zatim je ogulite od kore.
e) U zdjelu dodajte sir mascarpone, 1/2 šalice sira Parmigiano-Reggiano, jaja, sol i crni papar i tucite dok smjesa ne postane glatka.
f) Dodajte butternut tikvicu i tucite dok se dobro ne sjedini.
g) Dodajte 1/2 šalice brašna i tucite dok se smjesa ne sjedini.
h) Dodajte preostalu 1/2 šalice brašna i miješajte dok se ne sjedini.
i) Stavite u hladnjak, pokriveno najmanje 8 sati.
j) U veliku tavu dodajte posoljenu vodu i zakuhajte.
k) U velikoj tavi koja se ne lijepi, otopite oko 1/3 maslaca i maknite ga s vatre.
l) Uzmite oko 1 1/2 žličice tijesta za tikvice i drugom žlicom izgurajte tijesto i stavite ga u kipuću vodu.
m) Ponovite s preostalim tijestom u serijama.
n) Kad njoki isplivaju na površinu vode, kuhajte ih još 1 minutu.
o) Šupljikavom žlicom premjestite njoke u tavu na otopljenom maslacu.
p) Stavite tavu na srednje jaku vatru i kuhajte njoke oko 3 minute.
q) Pospite kajenskim paprom, solju i crnim paprom.
r) Okrenite njoke i umiješajte listiće kadulje.
s) Kuhajte oko 2-3 minute.
t) Prebacite njoke na tanjur i pokapajte ih zapečenim maslacem iz tave.
u) Poslužite s ukrasom od 1 žlice parmigiano-reggiano sira.

FETTUCINI

46.Klasični Alfredo

Proizvodi: 8
SASTOJCI:
- 6 polovica pilećih prsa bez kože i kostiju
- 3/4 žličice mljevenog bijelog papra
- 3 C. mlijeko
- 6 žlica maslaca, podijeljenih
- 1 šalica pola-pola
- 4 režnja češnjaka, nasjeckana, podijeljena
- 3/4 C. ribani parmezan
- 1 žlica talijanskog začina
- 8 oz. naribani sir Monterey Jack
- 1 lb fettuccini tjestenine
- 3 Roma (šljive) rajčice, narezane na kockice
- 1 glavica luka, narezana na kockice
- 1/2 šalice kiselog vrhnja
- 1 (8 oz.) paket narezanih gljiva
- 1/3 šalice višenamjenskog brašna
- 1 žlica soli

UPUTE:
a) Promiješajte piletinu nakon što ste je premazali talijanskim začinima na 2 žlice maslaca s 2 režnja češnjaka.
b) Meso pržite dok ne bude potpuno pečeno pa sve stavite sa strane.
c) Sada kuhajte tjesteninu u vodi i soli 9 minuta, a zatim uklonite svu tekućinu.
d) U isto vrijeme popržite luk na 4 žlice maslaca zajedno s gljivama i još 2 komada češnjaka.
e) Nastavite pržiti smjesu dok luk ne postane proziran, a zatim pomiješajte papar, sol i brašno.
f) Promiješajte i kuhajte smjesu 4 minute. Zatim postupno dodajte pola i pol i mlijeko, miješajući dok se sve ne ujednači.
g) Pomiješajte Monterey i parmezan i pustite da se smjesa kuha dok se sir ne otopi, a zatim dodajte piletinu, kiselo vrhnje i rajčice.
h) Poslužite svoju tjesteninu obilno prelivenu mješavinom piletine i umakom.

47. Pečenje tjestenine Crimini

Proizvodi: 6
SASTOJCI:
- 8 crimini gljiva
- 1/3 šalice parmezana, naribanog
- 1 šalica cvjetića brokule
- 3 žlice provansalskog bilja
- 1 šalica špinata, svježi listovi, čvrsto pakirani
- 2 žlice ekstra djevičanskog maslinovog ulja
- 2 crvene paprike babure, julien
- 1 žlica soli
- 1 veliki luk, nasjeckan
- 1/2 žlice papra
- 1 šalica mozzarella sira, nasjeckanog
- 1 šalica umaka od rajčice
- 2/3 lb. tjestenine (fettuccine ili penne dobro funkcioniraju)

UPUTE:
a) Prije nego bilo što poduzmete, zagrijte pećnicu na 450 F. Namažite posudu za pečenje uljem ili sprejom za kuhanje.
b) Uzmite veliku zdjelu za miješanje: u nju ubacite gljive, brokulu, špinat, papar i luk.
c) Dodajte 1 žlicu maslinovog ulja, sol, papar i ponovno promiješajte.
d) Rasporedite povrće u namašćenu posudu i pecite u pećnici 10 min.
e) Kuhajte tjesteninu dok ne postane dente. Tjesteninu ocijedite i stavite sa strane.
f) Uzmite veliku zdjelu za miješanje: Pomiješajte 1 žlicu maslinovog ulja s pečenim povrćem, tjesteninom, začinskim biljem i mozzarellom. Raširite smjesu natrag u vatrostalnu posudu.
g) Po vrhu pospite sir i kuhajte 20 minuta. Poslužite toplo i uživajte.

48. Tjestenina s parmezanom i češnjakom u jednom loncu

SASTOJCI:
- 2 žlice neslanog maslaca
- 4 češnja češnjaka, sitno nasjeckana
- 2 šalice pileće juhe (470 ml)
- 1 šalica mlijeka (235 mL)
- 8 oz fettuccina (225 g)
- Sol, po ukusu
- Papar, po ukusu
- ¼ šalice ribanog parmezana (25 g)
- 2 žlice svježeg peršina, nasjeckanog

UPUTE:
a) U velikoj tavi zagrijte neslani maslac na srednje jakoj vatri. Dodajte nasjeckani češnjak i kuhajte uz često miješanje dok ne zamiriše (otprilike 1-2 minute).
b) Dodajte pileću juhu, mlijeko i fettuccine u tavu. Posolite i popaprite.
c) Zakuhajte smjesu, zatim smanjite vatru i pustite da lagano kuha uz povremeno miješanje dok se tjestenina ne skuha (oko 18-20 minuta).
d) Umiješajte naribani parmezan. Ako je smjesa pregusta, prilagodite gustoću dodavanjem još mlijeka po potrebi.
e) Poslužite odmah i ukrasite svježe nasjeckanim peršinom.
f) Uživajte u ovom ukusnom i jednostavnom obroku!

49. Fettuccine Alfredo s piletinom i slaninom u jednom loncu

Sastav: 6 osoba

SASTOJCI:
- 8 trakica slanine nasjeckane i obrezane masnoćom
- 2 velika pileća prsa, narezana na komade od 1 inča
- 4 češnja češnjaka, mljevena
- 2 žličice košer soli
- 1 žličica papra
- 6 1/2 šalica mlijeka (punomasno ili 2%); možete koristiti i pola-pola
- 500 g (1 funta) suhe fettuccine tjestenine
- 1 veća glavica brokule, narezana na cvjetiće bez peteljke
- 1 šalica svježe ribanog parmezana

UPUTE:
a) U velikoj tavi ili loncu pržite slaninu na srednje jakoj vatri dok ne postane hrskava.
b) Dodajte piletinu narezanu na kockice i pirjajte dok ne bude kuhana. Dodajte nasjeckani češnjak i kuhajte dok ne zamiriše (otprilike 2 minute). Posolite i popaprite.
c) Ulijte mlijeko, promiješajte i lagano kuhajte. Odmah smanjite vatru i dodajte fettuccine tjesteninu.
d) Povremeno miješajte 5-6 minuta ili dok tjestenina ne počne omekšavati i savijati se. Dodajte brokulu, promiješajte i poklopite lonac poklopcem. Nastavite kuhati uz povremeno miješanje dok se tjestenina ne skuha i ne postane al dente (otprilike još 7 minuta).
e) Umiješajte parmezan i miješajte dok se ne otopi u umaku. Ako umak postane pregust, po potrebi dodajte još mlijeka.
f) Po želji poslužite s dodatnim paprom i parmezanom.
g) Uživajte u zdravijoj verziji ovog klasičnog jela sa svim okusima i manje muke.

50.Fettuccine od gljiva

Napravi: 8 porcija
SASTOJCI:
- 1/2 šalice Land O Lakes® maslaca (podijeljeno)
- 2 režnja svježe mljevenog češnjaka (ili prstohvat soli češnjaka)
- 16 unci svježih narezanih gljiva
- 1 šalica jakog vrhnja za šlag
- 1 funta fettuccina
- 1/2 šalice parmezana
- 1 šalica vode za tjesteninu
- 1 žličica soli (prilagodite ukusu)
- Svježe mljeveni crni papar
- Svježi peršin za preljev

UPUTE:
a) Počnite s čišćenjem gljiva. U velikoj tavi rastopite 2 žlice maslaca, dodajte češnjak i gljive. Pirjajte dok gljive ne omekšaju i dobiju duboku smeđu boju, što bi trebalo trajati otprilike 10-15 minuta.
b) Dodajte vrhnje i preostali maslac u tavu. Pustite da krčka na laganoj vatri.
c) Dok se vaš umak od gljiva krčka, skuhajte fettuccine u velikom loncu slijedeći upute na pakiranju. Kad su kuhani, ocijedite fettuccine, uz malu količinu vode od tjestenine i vratite ih u tavu.
d) Pomiješajte umak od gljiva s vrućim fettuccinom u tavi. Sve zajedno promiješajte hvataljkama. Po potrebi dodajte parmezan i do 1 šalice vode za tjesteninu kako biste postigli željenu gustoću. Začinite solju i svježe mljevenim paprom.
e) Sada možete stajati za štednjakom i uživati u ovom ukusnom jelu ravno iz tave. Tako je dobro!

TJESTENINA RIGATONI

51. Romano Rigatoni tepsija

Proizvodi: 6

SASTOJCI:
- 1 lb mljevene kobasice
- 1/4 šalice Romano sira, naribanog
- 1 (28 oz.) limenka umaka od rajčice na talijanski način
- nasjeckani peršin, za ukrašavanje
- 1 (14 1/2 oz.) konzerva cannellini graha, ocijeđenih i ispranih
- 1 (16 oz.) KUTIJA tjestenine rigatoni
- 1/2 žličice mljevenog češnjaka
- 1 žličica talijanskog začina
- 3 C. naribani sir mozzarella

UPUTE:
a) Prije nego bilo što poduzmete, zagrijte pećnicu na 350 F. Podmažite veliku posudu s malo maslaca ili ulja.
b) Stavite veliki lonac na srednje jaku vatru. Dodajte češnjak s kobasicama i kuhajte ih 6 min.
c) Dodajte umak od rajčice, grah i talijanske začine pa ih kuhajte 5 minuta na laganoj vatri.
d) Skuhajte tjesteninu prema uputama proizvođača. Ocijedite tjesteninu i stavite je u lonac.
e) Ulijte polovicu mješavine tjestenine za kobasice u podmazani lonac, a zatim ga pospite polovicom mozzarella sira. Ponovite postupak kako biste napravili još jedan sloj.
f) Prekrijte lonac romano sirom, a zatim na njega stavite komad folije. Kuhajte lonac od rigatona u pećnici 26 minuta.
g) Poslužite svoje rigatone tople.

52.Veganski Rigatoni Bosiljak

Proizvodi: 6

SASTOJCI:
- 1 1/2 (8 oz.) pakiranja tjestenine rigatoni
- 6 listova svježeg bosiljka, tanko narezanog
- 2 žlice maslinovog ulja
- 6 grančica svježeg cilantra, mljevenog
- 2 češnja češnjaka, mljevena
- 1/4 šalice maslinovog ulja
- 1/2 (16 oz.) pakiranja tofua, ocijeđenog i narezanog na kockice
- 1/2 žličice suhe majčine dušice
- 1 1/2 žličice soja umaka
- 1 manja glavica luka, tanko narezana
- 1 veća rajčica, narezana na kockice
- 1 mrkva, nasjeckana

UPUTE:
a) Skuhajte tjesteninu prema uputama na pakiranju.
b) Stavite veliku tavu na srednje jaku vatru. U tome zagrijte 2 žlice maslinovog ulja. Dodajte češnjak i kuhajte ga 1 min 30 s.
c) Umiješajte majčinu dušicu s tofuom. Kuhajte ih 9 min. Umiješajte soja umak i ugasite vatru.
d) Uzmite veliku zdjelu za miješanje: u nju ubacite rigatoni, mješavinu tofua, luk, rajčicu, mrkvu, bosiljak i cilantro. Prelijte maslinovim uljem salatu od tjestenine i poslužite je.

LAKAT MAKARUNI

53.BLT salata od tjestenine

Proizvodi: 6

SASTOJCI:
- 2 šalice laktanih makarona
- 1 ¼ šalice majoneze
- 2 žlice balzamičnog octa
- 1 šalica prepolovljenih cherry rajčica
- ¼ šalice nasjeckane crvene paprike
- 3 žlice nasjeckanog mladog luka
- ½ šalice nasjeckanog sira Cheddar
- Posolite i popaprite po ukusu
- ½ žličice kopra
- 10 kriški slanine
- 8 oz. nasjeckane zelene salate

UPUTE:
a) Makarone kuhajte u posoljenoj vodi 10 minuta. Ocijedite i prebacite u zdjelu za salatu.
b) Dodajte majonezu, balzamični ocat, rajčice, papriku, mladi luk, sir, sol, papar i kopar u makarone i dobro promiješajte da se sjedine.
c) Hladiti 3 sata.
d) Slaninu pržite 10 minuta, dok ne postane hrskava.
e) Ocijedite slaninu i pustite da se ohladi, a zatim je izmrvite.
f) Nadjenite salatu izmrvljenom slaninom.
g) Poslužite na romaine salati.

54. Mac-and-cheese od špinata i artičoke

Čini: 6 DO 8
SASTOJCI:
- 6 žlica slanog maslaca, sobne temperature, plus još za podmazivanje
- 1 (1 funta) kutija kratko rezane tjestenine, poput makarona
- 2 šalice punomasnog mlijeka
- 1 (8 unca) pakiranje krem sira, na kockice
- 3 šalice nasjeckanog oštrog cheddar sira
- Košer sol i svježe mljeveni papar
- Mljeveni kajenski papar
- 2 šalice upakiranog svježeg mladog špinata, nasjeckanog
- 1 staklenka (8 unci) mariniranih artičoka, ocijeđenih i grubo nasjeckanih
- 1½ šalice mljevenih Ritz krekera (otprilike 1 omotač)
- ¾ žličice češnjaka u prahu

UPUTE:
a) Zagrijte pećnicu na 375°F. Namastite posudu za pečenje 9 × 13 inča.
b) U velikom loncu zakuhajte 4 šalice posoljene vode na jakoj vatri. Dodajte tjesteninu i kuhajte uz povremeno miješanje 8 minuta. Umiješajte mlijeko i krem sir i kuhajte dok se krem sir ne otopi i tjestenina bude al dente, još oko 5 minuta.
c) Maknite tavu s vatre i umiješajte 2 šalice cheddara i 3 žlice maslaca. Začinite solju, paprom i kajenskom paprikom. Umiješajte špinat i artičoke. Ako vam se čini da je umak pregust, dodajte ¼ šalice mlijeka ili vode da ga razrijedite.
d) Prebacite smjesu u pripremljenu posudu za pečenje. Prelijte preostalom 1 šalicom cheddara.
e) U srednjoj zdjeli pomiješajte krekere, preostale 3 žlice maslaca i češnjak u prahu. Ravnomjerno pospite mrvice po macu i siru.
f) Pecite dok umak ne zabubi, a mrvice ne porumene, oko 20 minuta. Pustite da se ohladi 5 minuta i poslužite. Čuvajte sve ostatke u hladnjaku u hermetički zatvorenoj posudi do 3 dana.

55. Chili Mac Casserole

SASTOJCI:
- 1 šalica nekuhanih laktanih makarona
- 2 funte nemasne mljevene junetine (90% nemasne)
- 1 srednja glavica luka, nasjeckana
- 2 režnja češnjaka, mljevena
- 1 konzerva (28 unci) rajčice narezane na kockice, neocijeđene
- 1 konzerva (16 unci) graha, ispranog i ocijeđenog
- 1 limenka (6 unci) paste od rajčice
- 1 limenka (4 unce) nasjeckanog zelenog čilija
- 1-1/4 žličice soli
- 1 žličica čilija u prahu
- 1/2 žličice mljevenog kima
- 1/2 žličice papra
- 2 šalice nasjeckane mješavine meksičkog sira smanjene masnoće
- Sitno narezan zeleni luk, po želji

UPUTE:
a) Skuhajte makarone prema uputama na pakiranju. U međuvremenu, u velikoj tavi koja se ne lijepi, kuhajte govedinu, luk i češnjak na srednjoj vatri dok meso više ne bude ružičasto, lomeći meso u mrvice; odvoditi. Umiješajte rajčice, grah, pastu od rajčice, čili i začine. Ocijediti makarone; dodati smjesi govedine.

b) Prijenos na 13x9-in. posudu za pečenje premazanu sprejom za kuhanje. Pokrijte i pecite na 375° dok ne postanu mjehurići, 25-30 minuta. Otkriti; pospite sirom. Pecite dok se sir ne otopi, 5-8 minuta duže. Po želji nadjenite narezani mladi luk.

ŽITI TJESTENINA

56.Pečeni Ziti

Proizvodi: 10

SASTOJCI:
- 1 lb ziti tjestenine
- 1 žlica maslinovog ulja
- 1 lb mljevene govedine
- Posolite i popaprite po ukusu
- ½ žličice soli češnjaka
- ½ žličice češnjaka u prahu
- 1 kosani luk
- 6 šalica umaka od rajčice
- ½ žličice origana
- ½ žličice bosiljka
- 1 šalica ricotta sira
- 1 razmućeno jaje
- 1 šalica. naribani sir mozzarella
- ¼ šalice ribanog pecorino sira

UPUTE:
a) Ziti kuhajte u posoljenoj vodi 10 minuta. Ocijedite vodu.
b) Zagrijte maslinovo ulje u loncu.
c) Začinite govedinu solju, paprom, češnjakom i češnjakom u prahu.
d) Zapržite meso i luk u loncu 5 minuta.
e) Ulijte umak od rajčice i začinite origanom i bosiljkom.
f) Pirjajte 25 minuta.
g) Zagrijte pećnicu na 350 stupnjeva.
h) Umutiti jaje i ricotta sir.
i) Pospite pecorino sirom.
j) Premjestite pola tjestenine i pola umaka u posudu za pečenje.
k) Dodajte pola ricotta sira.
l) Na vrh stavite polovinu sira mozzarella.
m) Napravite još jedan sloj tjestenine, umaka i mozzarelle.
n) Pecite 25 minuta. Sirevi bi trebali biti pjenušavi.

57.Provolone Ziti Bake

Sastojci : _
- 1 žlica maslinovog ulja
- 1 srednja glavica luka, nasjeckana
- 3 češnja češnjaka, mljevena
- 2 konzerve (28 unci svaka) talijanskih zdrobljenih rajčica
- 1-1/2 šalice vode
- 1/2 šalice suhog crnog vina ili juhe sa smanjenim udjelom natrija
- 1 žlica šećera
- 1 žličica sušenog bosiljka
- 1 paket (16 unci) tjestenine ziti ili male tube
- 8 kriški provolone sira

UPUTE:
a) Zagrijte pećnicu na 350°. U 6-qt. temeljac, zagrijte ulje na srednje jakoj vatri. Dodajte luk; kuhajte i miješajte 2-3 minute ili dok ne omekša. Dodajte češnjak; kuhati još 1 minutu. Umiješajte rajčice, vodu, vino, šećer i bosiljak. Zakuhajte; maknuti s vatre. Umiješajte nekuhani ziti.

b) Prijenos na 13x9-in. posudu za pečenje premazanu sprejom za kuhanje. Pecite, poklopljeno, 1 sat. Odozgo pospite sirom. Pecite bez poklopca 5-10 minuta duže ili dok ziti ne omekša i sir se otopi.

58. Goveđi ziti lonac

Priprema: 1 porcija

SASTOJCI:
- 8 unci nekuhanih Ziti makarona
- 1 konzerva (16 oz.) nasjeckanog zelenog graha, ocijeđenog
- 1 limenka (11 oz.) Green Giant Niblets kukuruza, ocijeđenog
- 1 funta mljevene govedine
- 2 limenke (10 3/4 oz. svaka) Campbell's kondenzirane zlatne juhe od gljiva
- 1 limenka (14 1/2 oz.) Del Monte pirjanih rajčica (zrnaste tjestenine ili talijanski, po želji)
- 1 čajna žličica zdrobljenog osušenog lišća bosiljka
- ¼ žličice papra
- ½ žličice češnjaka u prahu
- 2 šalice nasjeckanog oštrog cheddar sira

UPUTE:
a) Zagrijte pećnicu na 400 stupnjeva.
b) Skuhajte Ziti makarone prema uputama na pakiranju, zatim ih ocijedite.
c) Vratite kuhani Ziti i ocijeđene mahune i kukuruz u posudu za kuhanje Zitija.
d) U tavi od 10 inča na srednje jakoj vatri zapržite mljevenu govedinu, miješajući da se raspadne; zatim ocijedite mast.
e) U kuhanu govedinu umiješajte Zlatnu juhu od gljiva, pirjane rajčice, sušeni bosiljak, papar i češnjak u prahu. Smjesu temeljito zagrijte.
f) Dodajte mješavinu juhe u mješavinu Zitija i povrća i dobro promiješajte.
g) Žlicom stavite smjesu u podmazanu posudu za pečenje 13 x 9 inča.
h) Pokrijte posudu folijom i pecite 15 minuta.
i) Tepsiju otvorite, pospite nasjeckanim sirom i pecite još 5 minuta ili dok se sir ne otopi. Uživati!

59.Pečeni Ziti

Priprema: 6 porcija

SASTOJCI:
- 1 funta kuhanog zitija
- 1 funta kuhane mljevene govedine
- 1 paket (15 oz) ricotta sira
- ¼ šalice peršina
- ½ šalice parmezana
- 1 jaje
- 2 šalice nasjeckanog sira mozzarella
- 3 šalice umaka po izboru

UPUTE:
a) U zdjeli za miješanje pomiješajte ricotta sir, jaje, peršin i parmezan.
b) Kuhani hamburger pažljivo pomiješajte s ovom smjesom od sira.
c) U smjesu dodajte kuhani Ziti i dobro sjedinite.
d) Umiješajte ¾ umaka po izboru.
e) Smjesu rasporediti u tepsiju.
f) Odozgo prelijte preostalim umakom.
g) Preko umaka pospite naribani sir Mozzarella.
h) Pecite na 350°F 30-35 minuta ili dok ne zapeče, a sir se otopi i lagano zapeče.
i) Uživajte u svom ukusnom pečenom zitiju!

60. Ziti kobasica Pecite

Priprema: 1 porcija
SASTOJCI:
- 8 unci zitija, kuhanog prema uputama na pakiranju
- 4 karike talijanske kobasice (ljute ili slatke, ili kombinacija oboje)
- 1¾ šalice pola i pola
- 1½ šalice ribanog sira Fontina
- ½ šalice zelene paprike narezane na kockice (po želji)
- Sol i papar po ukusu
- ¼ šalice ribanog talijanskog sira

UPUTE:
a) Skuhajte Ziti prema uputama na pakiranju i ocijedite ga.
b) Izvadite kobasicu iz omotača, izmrvite je i zapecite u tavi. Ocijedite višak masnoće.
c) Dodajte zapečenu kobasicu u kuhanu tjesteninu, zajedno s paprikom narezanom na kockice (ako koristite), 1 šalicom pola i pola, 1 šalicom sira Fontina i naribanim talijanskim sirom. Sve zajedno izmiksati.
d) Izlijte smjesu u maslacem premazanu posudu za pečenje 13x9 inča.
e) Pokrijte posudu i pecite je na 350°F 20 minuta.
f) Otklopite posudu i nadjenite je preostalim polovicom i sirom Fontina.
g) Pecite dodatnih 10 minuta, ili dok se sir ne otopi i jelo ne zapeče.
h) Ostavite da odstoji 5 minuta prije posluživanja.
i) Uživajte u pečenju Ziti kobasica!

ŠPAGETI TJESTENINA

61. Pesto škampi s tjesteninom

Proizvodi: 4

SASTOJCI:
- 8 oz. špageti
- 2 mljevena češnja češnjaka
- Posolite po ukusu
- 1 žlica maslinovog ulja
- 8 oz. šparoga
- 1 šalica narezanih bijelih gljiva
- ¾ funte oguljenih škampa i bez žica
- ⅛ žličice crvene paprike
- ¼ šalice pesta – ili pripremite vlastiti
- 2 žlice ribanog parmezana

UPUTE:
a) Špagete stavite u lonac kipuće slane vode i kuhajte ih 10 minuta.
b) Ocijedite špagete, ali malo vode od tjestenine ostavite sa strane.
c) Zagrijte maslinovo ulje u tavi.
d) Pirjajte češnjak, šparoge i gljive 5 minuta ili dok ne omekšaju.
e) Dodajte škampe u tavu i začinite crvenom paprikom
f) Kuhajte 5 minuta.
g) Ako je potrebna tekućina, dodajte nekoliko žlica vode za tjesteninu.
h) Pomiješajte pesto umak i parmezan.
i) Pesto umiješajte u škampe.
j) Kuhajte 5 minuta
k) Poslužite preko špageta.

62.Tjestenina od tune

Proizvodi: 4
SASTOJCI:
- 2 žlice maslinovog ulja
- 1 (7 oz.) limenka tune pune ulja, ocijeđene
- 1 filet inćuna
- 1/4 šalice svježeg ravnog peršina narezanog na kockice
- 2 žlice kapara
- 1 (12 oz.) paket špageta
- 3 češnja mljevenog češnjaka
- 1 žlica ekstra djevičanskog maslinovog ulja ili po ukusu
- 1/2 šalice suhog bijelog vina
- 1/4 šalice svježe naribanog parmigiano-reggiana
- 1/4 žličice sušenog origana
- sira ili po ukusu
- 1 prstohvat listića crvene paprike ili po ukusu
- 1 žlica svježeg peršina narezanog na kockice ili po ukusu 3 C. zdrobljene talijanske (šljive) rajčice
- sol i mljeveni crni papar po ukusu
- 1 prstohvat kajenskog papra ili po ukusu

UPUTE:
a) Pržite kapare i inćune na maslinovom ulju 4 minute, zatim pomiješajte s češnjakom i nastavite pržiti smjesu još 2 minute.
b) Sada dodajte papar, bijelo vino i naranču.
c) Promiješajte smjesu i pojačajte vatru.
d) Neka smjesa kuha 5 minuta prije nego što dodate rajčice i lagano kuhate.
e) Nakon što se smjesa zakuha dodati: kajenski paprika, crni papar i sol.
f) Smjestite vatru na nisku temperaturu i ostavite da se sve kuha 12 minuta.
g) Sada počnite kuhati tjesteninu u vodi i soli 10 minuta, zatim uklonite svu tekućinu i ostavite tjesteninu u tavi.
h) Pomiješajte pirjane rajčice s tjesteninom i poklopite lonac. Zagrijte sve na niskoj razini 4 minute.
i) Kada poslužite vrh tjestenine, dodajte malo Parmigiano-Reggiano, peršina i maslinovog ulja.

63. Sunčano vruće špagete

Proizvodi: 2
SASTOJCI:
- 2 1/2 šalice kuhanih špageta
- 1 žličica origana
- 1/4 šalice maslinovog ulja
- 1 žličica češnjaka u zrncima ili 2 žlice svježeg češnjaka
- 8 feferoncini paprika, sitno mljevenih
- 1/2 šalice umaka za špagete

UPUTE:
a) Stavite veliku tavu na srednje jaku vatru. Zagrijte ulje u njemu. Dodajte začinsko bilje s paprikom i kuhajte ih 4 minute.
b) U umak umiješajte kuhane špagete pa ih kuhajte 3 minute.
c) Špagete poslužite odmah tople.
d) Uživati.

64.Špagete Bolognese Skillet Pecite

Priprema: 6 porcija
SASTOJCI:
- 12 unci (340 g) špageta
- 1 funta (450 g) mljevene junetine
- 1 srednja glavica luka, sitno nasjeckana
- 2 češnja češnjaka, mljevena
- Limenka od 28 unci zdrobljenih rajčica
- 2 žlice paste od rajčice
- 1 žličica sušenog origana
- 1 žličica sušenog bosiljka
- ½ žličice pahuljica crvene paprike
- Sol i crni papar, po ukusu
- ¼ šalice crnog vina (po želji)
- Listovi svježeg bosiljka za ukras
- Maslinovo ulje za mazanje

UPUTE:
a) Zagrijte pećnicu na 375°F (190°C).
b) U velikom loncu kipuće slane vode kuhajte špagete prema uputama na pakiranju dok ne budu al dente. Ocijedite i ostavite sa strane.
c) U velikoj tavi za pećnicu zagrijte malo maslinovog ulja na srednje jakoj vatri. Dodajte nasjeckani luk i kuhajte dok ne postane proziran, oko 2-3 minute.
d) Dodajte mljevenu govedinu u tavu i kuhajte, lomeći je žlicom, dok ne porumeni i ne postane ružičasta, oko 5-7 minuta. Ako ima viška masnoće, ocijedite je.
e) Umiješajte nasjeckani češnjak i kuhajte još 1-2 minute dok ne zamiriše.
f) Dodajte zgnječenu rajčicu, pastu od rajčice, sušeni origano, sušeni bosiljak, ljuskice crvene paprike, sol i crni papar. Ako koristite crno vino, ulijte ga u ovoj fazi. Dobro promiješajte da se svi sastojci sjedine i pustite da umak lagano prokuha.
g) Pustite da kuha oko 10 minuta, da se okusi stope i umak malo zgusne.
h) Bacite kuhane špagete u tavu, temeljito ih pomiješajte s umakom Bolognese. Maknite s vatre.
i) Prebacite pleh u prethodno zagrijanu pećnicu i pecite oko 20-25 minuta.
j) Nakon što je pečenje u tavi izašlo iz pećnice, ukrasite ga listićima svježeg bosiljka i poslužite.

65.Lovor Jakobove kapice sa špagetima

Proizvodi: 4
SASTOJCI:
- 8 oz. špageti
- ⅓ šalice suhog bijelog vina
- 3 žlice maslaca
- 1 lb lovorovih jakobovih kapica
- 4 mljevena češnja češnjaka
- 1 prstohvat listića crvene paprike
- 1 šalica gustog vrhnja
- Posolite i popaprite po ukusu
- Sok od pola limuna
- ¼ šalice ribanog Pecorino-Romana

UPUTE:
a) Špagete kuhajte u posoljenoj vodi 10 minuta. Ocijedite i ostavite sa strane.
b) Zagrijte maslac u velikoj tavi.
c) Dodajte jakobove kapice u jednom sloju i pržite 2 minute na srednjoj vatri.
d) Okrenite jakobove kapice i pržite drugu stranu još 1 minutu.
e) Umiješajte češnjak, ljuskice crvene paprike i vino te kuhajte 1 minutu. Pazite da ne prepečete jakobove kapice.
f) Začinite solju, paprom i sokom od pola limuna.
g) Izmiješajte špagete u tavu i pomiješajte ih sa jakobovim kapicama.
h) Pirjajte 2 minute i pospite naribanim sirom.

66.Sunčano vruće špagete

Proizvodi: 2
SASTOJCI:
- 2 1/2 šalice kuhanih špageta
- 1 žličica origana
- 1/4 šalice maslinovog ulja
- 2 žlice svježeg češnjaka
- 8 feferoncini paprika, sitno mljevenih
- 1/2 šalice umaka za špagete

UPUTE:
a) Stavite veliku tavu na srednje jaku vatru. Zagrijte ulje u njemu. Dodajte začinsko bilje s paprikom i kuhajte ih 4 min.
b) U umak umiješajte kuhane špagete pa ih kuhajte 3 min.
c) Špagete poslužite odmah tople.

67. Pileći Tetrazzini

SASTOJCI : _
- 8 unci nekuhanih špageta
- 2 žličice plus 3 žlice maslaca, podijeljeno
- 8 trakica slanine, nasjeckane
- 2 šalice narezanih svježih gljiva
- 1 manja glavica luka nasjeckana
- 1 mala zelena paprika, nasjeckana
- 1/3 šalice višenamjenskog brašna
- 1/4 žličice soli
- 1/4 žličice papra
- 3 šalice pileće juhe
- 3 šalice grubo nasjeckane piletine na žaru
- 2 šalice smrznutog graška (oko 8 unci)
- 1 staklenka (4 unce) pimientosa narezanog na kockice, ocijeđenog
- 1/2 šalice ribanog romano ili parmezana

UPUTE:
a) Zagrijte pećnicu na 375°. Skuhajte špagete prema uputama na pakiranju za al dente. Odvod; premjestiti na podmazanu 13x9-in. posuda za pečenje. Dodajte 2 žličice maslaca i pomiješajte.

b) U međuvremenu, u velikoj tavi, kuhajte slaninu na srednjoj vatri dok ne postane hrskava, povremeno miješajući. Izvadite šupljikavom žlicom; ocijediti na papirnatim ubrusima. Odbacite kapljice, ostavite 1 žlicu u tavi. Dodajte gljive, luk i zelenu papriku u kapalice; kuhajte i miješajte na srednje jakoj vatri 5-7 minuta ili dok ne omekša. Izvadite iz posude.

c) U istoj tavi zagrijte preostali maslac na srednje jakoj vatri. Umiješajte brašno, sol i papar dok ne postane glatko; postupno umiješajte juhu. Pustite da prokuha, povremeno miješajući; kuhajte i miješajte 3-5 minuta ili dok se malo ne zgusne. Dodajte piletinu, grašak, pimientos i mješavinu gljiva; zagrijte, povremeno miješajući. Žlicom polagati špagete. Pospite slaninom i sirom.

d) Pecite nepokriveno 25-30 minuta ili dok ne porumeni. Neka odstoji 10 minuta prije posluživanja.

68. Zapečeni rigatoni i mesne okruglice

SASTOJCI : _

- 3½ šalice Rigatoni tjestenine
- 1⅓ šalice mozzarelle, nasjeckane
- 3 žlice parmezana, svježe naribanog
- 1 funta Nemasna mljevena puretina

UPUTE:

a) Ćufte: U zdjeli lagano umutiti jaje; umiješajte luk, mrvice, češnjak, parmezan, origano, sol i papar. Pomiješajte u puretini.

b) Punom žlicom oblikujte kuglice.

c) U velikoj tavi zagrijte ulje na srednje jakoj vatri; pecite mesne okruglice, po potrebi u serijama, 8-10 minuta ili dok ne porumene sa svih strana.

d) Dodajte luk, češnjak, gljive, zelenu papriku, bosiljak, šećer, origano, sol, papar i vodu u tavu; kuhajte na srednjoj vatri uz povremeno miješanje oko 10 minuta ili dok povrće ne omekša. Umiješajte rajčice i pastu od rajčice; dovesti do vrenja. Dodajte mesne okruglice

e) Za to vrijeme u velikom loncu kipuće slane vode skuhajte rigatone . Prebacite u posudu za pečenje 11x7 inča ili plitku tepsiju od 8 šalica.

f) Po vrhu ravnomjerno pospite mozzarellu , a zatim parmezan. Peći

69. Brza tava za špagete

Proizvodi: 4

SASTOJCI:
- 1 lb mljevene puretine
- 1/2 žličice pahuljica crvene paprike
- 2 režnja češnjaka, mljevena
- 8 oz. nekuhane špagete, izlomljene na trećine
- 1 mala zelena paprika, nasjeckana
- parmezan sir
- 1 manja glavica luka nasjeckana
- 2 C. vode
- 1 (28 oz.) staklenka tradicionalnih špageta
- umak

UPUTE:

a) Stavite veliki lonac na srednju vatru. U njemu kuhajte puretinu s češnjakom, lukom i zelenom paprikom 8 minuta.

b) Dodajte vodu s ljutom papričicom, umak za špagete, prstohvat soli i papra.

c) Kuhajte ih dok ne počnu ključati. Dodajte špagete u lonac.

d) Pustite da kuha 14 do 16 minuta ili dok tjestenina ne bude gotova.

e) Uzmite posudu za miješanje:

f) Uživati.

70.Jednostavni špageti

Proizvodi: 4
SASTOJCI:
- 12 oz. špageti
- 1 žlica maslinovog ulja
- 1 lb mljevene govedine
- 1 kosani luk
- 3 mljevena češnja češnjaka
- Posolite i popaprite po ukusu
- 1 žličica šećera
- ¼ žličice kurkume
- 2 žlice paste od rajčice
- 2 šalice umaka od rajčice
- 1 žličica talijanskog začina

UPUTE:
a) Tjesteninu kuhajte u loncu kipuće slane vode 10 minuta. Ocijedite i ostavite sa strane.
b) Zagrijte maslinovo ulje u velikoj tavi.
c) Pirjajte luk i češnjak 5 minuta.
d) Umiješajte mljevenu govedinu, sol, papar i kurkumu i dobro sjedinite.
e) Dodajte pastu od rajčice, umak od rajčice i talijanski začin.
f) Pirjajte 45 minuta.
g) Dodajte špagete i prelijte umakom.

71.Škampi Lo Mein

Proizvodi: 2
SASTOJCI:
- 8 oz. špageti
- ¼ šalice soja umaka
- 3 žlice umaka od kamenica
- 1 žlica meda
- ½ inča komadića naribanog đumbira
- 1 žlica maslinovog ulja
- 1 nasjeckana crvena paprika
- 1 sitno narezan luk
- ½ šalice nasjeckanih vodenih kestena
- ½ šalice narezanih cremini gljiva
- 3 mljevena češnja češnjaka
- 1 lb. oguljenih i očišćenih svježih škampa
- 2 razmućena jaja

UPUTE:
a) Špagete kuhajte u posoljenoj vodi 10 minuta. Ocijedite vodu.
b) Pomiješajte umak od soje, umak od kamenica, med i đumbir u zdjeli.
c) Zagrijte maslinovo ulje u velikoj tavi.
d) Pirjajte papriku, luk, vodene kestene, gljive 5 minuta.
e) Umiješajte češnjak i kozice i miješajte još 2 minute.
f) Premjestite sastojke na jednu stranu tave, a na drugoj strani umutite jaja 5 minuta.
g) Dodajte špagete i umak te sve sastojke promiješajte 2 minute.

72.Pileći Tetrazzini

Proizvodi: 8
SASTOJCI:
- 8 oz. špageti
- 1 žlica maslinovog ulja
- 4 nasjeckana pileća prsa
- Posolite i popaprite po ukusu
- 1 šalica svježih narezanih gljiva
- 1 nasjeckana crvena paprika
- 1 kosani luk
- 4 mljevena češnja češnjaka
- ¼ šalice maslaca
- 3 žlice brašna
- ½ žličice majčine dušice
- 1 šalica pileće juhe
- 1 šalica pola-pola
- ¼ šalice bijelog vina
- ½ žličice soli češnjaka
- ½ žličice origana
- Papar po ukusu
- ½ šalice nasjeckane mješavine talijanskog sira

UPUTE:
a) Špagete kuhajte u loncu kipuće slane vode 10 minuta.
b) Zagrijte ulje u velikoj tavi.
c) Zažutite papriku, gljive, luk i češnjak u tavi i pirjajte 5 minuta dok povrće ne omekša, a piletina više ne bude ružičasta.
d) Otopite maslac u tavi i umiješajte brašno.
e) Nastavite miješati dok se ne stvori pasta.
f) Uz stalno miješanje polako ulijevajte juhu, pola-pola i vino.
g) Začinite umak paprom, origanom i majčinom dušicom.
h) Umiješajte talijansku mješavinu sira i miješajte 5 minuta, dok se sir ne otopi.
i) Dodajte zaprženo povrće i pirjajte 5 minuta.

73. Tava za kobasice

Proizvodi: 4
SASTOJCI:
- 1/2 lb nemasne mljevene govedine
- 2 rebra celera, narezana na ploške
- 1/4 lb velike talijanske kobasice
- 4 oz. nekuhane špagete, prelomljene na pola
- 2 (8 oz.) limenke umaka od rajčice bez dodane soli
- 1/4 žličice sušenog origana
- 1 (14 1/2 oz.) konzerva pirjanih rajčica
- sol i papar
- 1 šalica vode
- 1 (4 oz.) konzerva peteljki i komada gljiva,
- ocijeđeno

UPUTE:
a) Stavite tavu na srednje jaku vatru. Zapržite u njemu kobasicu s govedinom 8 minuta. Bacite mast.
b) Umiješajte ostale sastojke. Kuhajte ih dok ne počnu ključati. Poklopiti i ostaviti da se kuhaju 15 do 17 minuta.
Tavu s tjesteninom poslužite toplu. Ukrasite ga nasjeckanim začinskim biljem.

74. Tjestenina s piletinom na tavi

Priprema: 2 porcije
SASTOJCI:
- ½ (8 unci) pakiranja špageta
- 2 žlice maslinovog ulja
- 8 rajčica (prazna) roma (šljiva), prepolovljena i narezana • 1 žličica češnjaka u prahu
- ½ žličice sušenog origana
- 2 žličice sušenog bosiljka
- 1 prstohvat soli
- 1 žličica mljevenog crnog papra
- 1 ½ žličice bijelog šećera
- 1 žlica kečapa
- 3 žlice maslinovog ulja
- 2 pileća prsa bez kože i kostiju, narezana na tanke trakice
- 2 zgnječena češnja češnjaka
- 1 zelena paprika, nasjeckana
- 1 crvena paprika, nasjeckana
- 1 glavica crvenog luka nasjeckana
- 1 šalica narezanih svježih gljiva
- ¼ šalice ribanog parmezana

UPUTE:

a) Zakuhajte veliki lonac vode na jakoj vatri. Umiješajte špagete i vratite da zavrije. Kuhajte tjesteninu dok se ne skuha, ali još uvijek bude čvrsta na zalogaj, oko 6-8 minuta. Dobro ocijedite i držite na toplom.

b) Zagrijte 2 žlice ulja u velikoj tavi na srednje jakoj vatri. Umiješajte rajčice; kuhajte dok ne omekšaju i počnu se raspadati. Umiješajte češnjak u prahu, origano, bosiljak, sol, papar, šećer i kečap. Zagrijte umak i ostavite ga.

c) Zagrijte preostale 3 žlice ulja u zasebnoj tavi od lijevanog željeza na srednje jakoj vatri. Umiješajte piletinu; kuhati dok ne porumeni. Umiješajte zgnječene češnjeve češnjaka; kuhajte još 1 minutu.

d) Izvadite piletinu iz tave i rezervirajte. Pojačajte toplinu. Pomiješajte zelenu papriku, crvenu papriku, luk i gljive u tavi i kuhajte dok ne počnu omekšati. Umiješajte zapečenu piletinu. Pojačajte vatru na srednju temperaturu i kuhajte dok piletina više ne bude ružičasta u sredini, a povrće ne bude kuhano, oko 5 minuta.

e) Pomiješajte piletinu i povrće s umakom od rajčice i vrućom tjesteninom.

f) Poslužite posuto parmezanom.

75. Pasta alla Norma Skillet Bake

Priprema: 4-6 porcija
SASTOJCI:
- 12 unci (340 g) špageta
- 2 patlidžana srednje veličine, narezana na kolutiće od ¼ inča
- 3 žlice maslinovog ulja
- 1 manja glavica luka sitno nasjeckana
- 2 češnja češnjaka, mljevena
- Limenka od 28 unci zdrobljenih rajčica
- 1 žlica crvenog vinskog octa (po želji)
- 1 žličica sušenog origana
- ½ žličice crvene paprike (po želji)
- Sol i crni papar, po ukusu
- ¼ šalice svježeg lišća bosiljka, narezanog na komadiće
- 1 ½ šalice naribanog mozzarella sira
- ½ šalice ribanog parmezana ili pecorina
- Maslinovo ulje za mazanje

UPUTE:
a) Zagrijte pećnicu na 375°F (190°C).
b) Skuhajte tjesteninu prema uputama na pakiranju dok ne postane al dente. Ocijedite i stavite sa strane.
c) Dok se tjestenina kuha zagrijte roštilj ili gril tavu.
d) Kriške patlidžana premažite maslinovim uljem i pecite ih na roštilju oko 3-4 minute sa svake strane dok ne dobiju tragove pečenja i ne omekšaju. Ostavite ih sa strane.
e) U velikoj tavi za pećnicu zagrijte malo maslinovog ulja na srednje jakoj vatri. Dodajte nasjeckani luk i kuhajte dok ne postane proziran, oko 2-3 minute.
f) Umiješajte nasjeckani češnjak i kuhajte još 1-2 minute dok ne zamiriše.
g) Dodajte zgnječenu rajčicu, crveni vinski ocat, sušeni origano, ljuskice crvene paprike, sol i crni papar. Pustite da se umak kuha oko 10 minuta da se zgusne i razvije okus.
h) Kuhanu tjesteninu ubacite u tavu s umakom i dobro promiješajte.
i) Položite pečene ploške patlidžana preko smjese tjestenine i umaka.
j) Preko patlidžana i tjestenine pospite sloj naribanog mozzarella sira.
k) Prebacite tavu u prethodno zagrijanu pećnicu i pecite oko 20-25 minuta, ili dok sir ne postane pjenušav i blago zlatne boje.
l) Nakon što je pečenje u tavi izašlo iz pećnice, ukrasite ga natrganim svježim listovima bosiljka i parmezanom ili pekorinom.
m) Poslužite vruće, izravno iz tave.

76.Ziti i špageti s kobasicama

Proizvodi: 8

SASTOJCI:
- 1 lb mrvljene talijanske kobasice
- 1 šalica narezanih gljiva
- ½ šalice celera narezanog na kockice
- 1 glavica luka narezana na kockice
- 3 mljevena češnja češnjaka
- 42 oz. kupovni umak za špagete ili domaći
- Posolite i popaprite po ukusu
- ½ žličice origana
- ½ žličice bosiljka
- 1 lb nekuhane ziti tjestenine
- 1 šalica naribanog mozzarella sira
- ½ šalice ribanog parmezana
- 3 žlice nasjeckanog peršina

UPUTE:
a) U tavi zažutite kobasice, gljive, luk i celer 5 minuta.
b) Nakon toga dodajte češnjak. Kuhajte još 3 minute. Ukloni iz jednadžbe.
c) Dodajte umak za špagete, sol, papar, origano i bosiljak u zasebnu tavu.
d) Umak kuhajte 15 minuta.
e) Pripremite tjesteninu u tavi prema uputama na pakiranju dok se umak kuha. Ocijediti.
f) Zagrijte pećnicu na 350 stupnjeva Fahrenheita.
g) U posudu za pečenje stavite ziti, smjesu za kobasice i narezanu mozzarellu u dva sloja.
h) Po vrhu pospite peršinom i parmezanom.
i) Zagrijte pećnicu na 350°F i pecite 25 minuta.

TJESTENINA BUCATINI

77. Bucatini u jednoj posudi s porilukom i limunom

Proizvodi: 4

SASTOJCI:
- 1 do 1 1/2 kilograma poriluka
- 12 unci bucatinija (vidi napomene iznad)
- 4 češnja češnjaka, tanko narezana
- 1/4 do 1/2 žličice pahuljica crvene paprike
- 2 žlice ekstra djevičanskog maslinovog ulja
- Košer soli
- Svježe nasjeckani crni papar
- 4 1/2 šalice vode
- Korica jednog limuna
- 1/2 šalice sitno nasjeckanog peršina
- Parmigiano Reggiano, za posluživanje (po želji)

UPUTE:
a) Počnite s obrezivanjem kraja korijena i tamnozelenih dijelova svakog poriluka. Prepolovite ih po dužini. Da biste poriluk izrezali na dugačke, tanke trakice, slijedite ovu metodu: svaku polovicu stavite prerezanom stranom prema gore, zatim ponovno prerežite na pola i ponovite postupak još jednom - u biti dijelite poriluk na osmine. Većina traka trebala bi postati lijepa i tanka, ali možda ćete morati ponovno prerezati krajnje vanjske slojeve na pola ako je potrebno. Ako je poriluk prljav, potopite ga u zdjelu hladne vode da se nečistoća slegne. Kad su čisti, izvadite poriluk iz zdjele.
b) Pomiješajte poriluk, tjesteninu, češnjak, 1/4 žličice pahuljica crvene paprike (prilagodite željenu razinu topline), ulje, 2 žličice košer soli, svježe nasjeckani crni papar i vodu u velikoj tavi s ravnim stranama, pazeći da bucatini gotovo ravno leži u tavi.
c) Neka smjesa zavrije na jakoj vatri. Kuhajte smjesu, često miješajući i okrećući tjesteninu hvataljkama ili vilicom dok tjestenina ne postane al dente i dok voda gotovo ne ispari, što obično traje oko 9 minuta.
d) Dodajte limunovu koricu i peršin i pomiješajte.
e) Začinite jelo po ukusu solju (možda ćete morati dodati još 1/2 čajne žličice košer soli plus više za željeni ukus), paprom i još pahuljica crvene paprike ako želite dodatno zagrijavanje. Po želji poslužite s parmezanom.

78.Tjestenina Burrata od rajčice

Čini: 2-4

SASTOJCI:
- ½ funte bucatinija ili tjestenine za špagete
- 3 šalice rajčica
- 6 češnjaka, mljevenog
- ¼ šalice maslinovog ulja
- ½ žličice sušenog bosiljka
- ¼ žličice zdrobljenih pahuljica čilija
- 8 unci burrata sira
- Sol i papar, po ukusu

GARNIRATI
- 1 vezica svježeg bosiljka, sitno nasjeckanog
- ¼ žličice zdrobljenih pahuljica čilija
- 4 žlice prženih pinjola

UPUTE

a) U većoj tavi na umjerenoj vatri zagrijte maslinovo ulje.
b) Dodajte češnjak i kuhajte 1 do 2 minute prije nego što dodate sušeni bosiljak i čili pahuljice.
c) Dodajte rajčice i bacite ih u ulje s velikodušnim prstohvatom soli i papra.
d) Kuhajte rajčice dvadeset do dvadeset pet minuta.
e) Skuhajte tjesteninu u kipućoj slanoj vodi.
f) Kada je tjestenina gotova, ocijedite je i odmah dodajte u tavu.
g) Još nekoliko poteza smjese kako bi se tjestenina potpuno prekrila.
h) Maknite tavu s vatre i dodajte svježi bosiljak.
i) Uključite onoliko burrata sira koliko želite, u komadićima.
j) Povrh stavite nasjeckani svježi bosiljak i pahuljice čilija.
k) Prije posluživanja posipajte pinjole po vrhu.

79. Tjestenina od limun bosiljka s prokulicama

Proizvodi: 8
SASTOJCI:
- 1 (1 funta) kutija dugo rezane tjestenine, poput bucatinija ili fettuccina
- 4 unce tanko narezanog pršuta, narezanog
- 3 žlice ekstra djevičanskog maslinovog ulja
- 1 funta prokulica, prepolovljenih ili na četvrtine ako su velike
- Košer sol i svježe mljeveni papar
- 2 žlice balzamičnog octa
- 1 jalapeño papričica, očišćena od sjemenki i nasjeckana
- 1 žlica svježeg lišća majčine dušice
- 1 šalica pesta od limuna i bosiljka
- 4 unce kozjeg sira, izmrvljenog
- ⅓ šalice ribanog Manchego sira
- Korica i sok od 1 limuna

UPUTE:
a) Zagrijte pećnicu na 375°F.
b) Zakuhajte veliki lonac posoljene vode na jakoj vatri. Dodajte tjesteninu i kuhajte prema uputama na pakiranju dok ne postane al dente. Sačuvajte 1 šalicu vode za kuhanje tjestenine, a zatim je ocijedite.
c) Za to vrijeme pršut posložite u ravnomjernom sloju na pleh obložen papirom za pečenje. Pecite dok ne postane hrskavo, 8 do 10 minuta.
d) Dok se tjestenina kuha i pršut peče, zagrijte maslinovo ulje u velikoj tavi na srednje jakoj vatri. Kad ulje zasvijetli, dodajte prokulice i kuhajte uz povremeno miješanje dok ne porumene 8 do 10 minuta. Posolite i popaprite. Smanjite vatru na srednje nisku i dodajte ocat, jalapeño i timijan te kuhajte dok klice ne postaknu, još 1 do 2 minute.
e) Maknite tavu s vatre i dodajte ocijeđenu tjesteninu, pesto, kozji sir, Manchego, limunovu koricu i limunov sok. Dodajte oko ¼ šalice vode od kuhanja tjestenine i miješajte da dobijete umak.
f) Dodajte još 1 žlicu dok ne postignete željenu gustoću. Probajte i po potrebi dodajte još soli i papra.
g) Ravnomjerno rasporedite tjesteninu u osam zdjelica ili tanjura i svaku prelijte hrskavim pršutom.

80. Kukuruzni bucatini s kremom u jednoj posudi

Proizvodi: 6
SASTOJCI:
- 4 žlice slanog maslaca
- 4 klasja žutog kukuruza, zrna izrezana iz klipa
- 2 češnja češnjaka, mljevena ili naribana
- 2 žlice svježeg lišća timijana
- 1 jalapeño ili crvena fresno paprika, bez sjemenki i tanko narezana
- 2 zelena luka, nasjeckana
- Košer sol i svježe mljeveni papar
- 1 (kutija od 1 funte) bucatini
- ½ šalice ribanog parmezana
- 2 žlice crème fraîche
- ¼ šalice svježeg lišća bosiljka, grubo natrganog

UPUTE:
a) Otopite maslac u velikoj nizozemskoj pećnici na srednje jakoj vatri. Dodajte kukuruz, češnjak, majčinu dušicu, jalapeño, zeleni luk i po prstohvat soli i papra. Kuhajte, povremeno miješajući, dok kukuruz ne postane zlatan i karameliziran na rubovima, oko 5 minuta.

b) Dodajte 4½ šalice vode, pojačajte vatru i pustite da zavrije. Dodajte tjesteninu i posolite. Kuhajte uz često miješanje dok većina tekućine ne upije i tjestenina ne postane al dente, oko 10 minuta.

c) Maknite lonac s vatre i umiješajte parmezan, crème fraîche i bosiljak. Ako vam se čini da je umak pregust, dodajte malo vode da ga razrijedite. Poslužite odmah.

ORZO

81.Parmezan Orzo

Proizvodi: 6
SASTOJCI:
- 1/2 šalice maslaca, podijeljeno
- češnjak u prahu po ukusu
- 8 glavica bisernog luka
- sol i papar po ukusu
- 1 šalica nekuhane orzo tjestenine
- 1/2 šalice ribanog parmezana
- 1/2 šalice narezanih svježih gljiva
- 1/4 šalice svježeg peršina
- 1 šalica vode
- 1/2 šalice bijelog vina

UPUTE:
a) Na polovici maslaca popržite luk dok ne porumeni, zatim dodajte ostatak maslaca, gljive i orzo.
b) Nastavite pržiti sve 7 minuta.
c) Sada pomiješajte vino i vodu i stavite da sve prokuha.
d) Nakon što smjesa zavrije, smanjite vatru i kuhajte sve 9 minuta nakon dodavanja papra, soli i češnjaka u prahu.
e) Kada je orzo gotov pospite ga peršinom i parmezanom.

82.Minty feta i orzo salata

Proizvodi: 8
SASTOJCI:
- 1 1/4 šalice orzo tjestenine
- 1 manji crveni luk, narezan na kockice
- 6 žlica maslinovog ulja, podijeljeno
- 1/2 šalice sitno nasjeckanih listova svježe metvice
- 3/4 C. sušena smeđa leća, isprana
- 1/2 šalice nasjeckanog svježeg kopra
- sol i papar po ukusu
- 1/3 šalice crvenog vinskog octa
- 3 češnja češnjaka, nasjeckana
- 1/2 šalice Kalamata maslina, očišćenih od koštica i nasjeckanih
- 1 1/2 šalica izmrvljenog feta sira

UPUTE:
a) Skuhajte tjesteninu prema uputama na pakiranju.
b) Zakuhajte veliki posoljeni lonac s vodom. Kuhajte u njoj leću dok ne počne ključati.
c) Smanjite vatru i stavite na poklopac. Kuhajte leću 22 min. Izvadite ih iz vode.
d) Uzmite malu zdjelu za miješanje: u njoj pomiješajte maslinovo ulje, ocat i češnjak. Dobro ih umutite da napravite preljev.
e) Uzmite veliku zdjelu za miješanje: u nju umiješajte leću, preljev, masline, feta sir, crveni luk, metvicu i kopar, posolite i popaprite.
f) Zamotajte plastičnu foliju na zdjelu za salatu i stavite je u hladnjak na 2 h 30 min. Prilagodite začine salate i poslužite je.

83. Orzo rajčice u jednom loncu

Proizvodi: 4
SASTOJCI:
- 1 žlica maslinovog ili uljane repice
- 1 glavica crvenog luka sitno nasjeckana
- 2 češnja češnjaka, sitno naribana
- 1 čili, očišćen od sjemenki i sitno nasjeckan
- 600 g rajčice, nasjeckane
- 400 g orza
- 800 ml temeljca od povrća
- Šaka sitno nasjeckanog peršina
- Ribani parmezan ili vegetarijanska alternativa za posluživanje (po želji)

UPUTE:
a) Zagrijte ulje u velikom loncu ili tavi na srednje jakoj vatri.
b) Pirjajte nasjeckani crveni luk 4-6 minuta dok ne omekša, ali ne porumeni.
c) Dodajte naribani češnjak i nasjeckani čili i kuhajte još minutu da omekša.
d) Umiješajte nasjeckane rajčice i kuhajte 5 minuta dok se ne počnu raspadati.
e) Dodajte orzo i zalijte povrtnim temeljcem.
f) Kuhajte 8-10 minuta dok se tekućina ne reducira i orzo ne omekša. Ako se počne sušiti, možete dodati nekoliko žlica vode.
g) Pospite tri četvrtine grubo nasjeckanog peršina i promiješajte.
h) Poslužite u zdjelicama, po želji posipajte preostalim peršinom i naribanim parmezanom. Uživajte u orzu od rajčice u jednom loncu!

84.Pileća orzo tava

Priprema: 4 porcije

SASTOJCI:
- 2 žlice biljnog ulja
- 1 funta Polovice pilećih prsa bez kostiju i kože, izrezane na komade od 1/2 inča
- 1 šalica Orzo (tjestenina u obliku riže)
- 2 žličice mljevenog češnjaka
- 2 šalice vode
- 3 konzerve pirjanih rajčica (14 1/2 oz. svaka), neocijeđenih
- 16 unci Cannellini graha u konzervi, ispranog i ocijeđenog, ILI Velikog sjevernog graha, ispranog i ocijeđenog
- 1 žličica osušene majčine dušice
- 1 žličica soli
- 1/2 žličice crnog papra
- 16 unci Smrznuti cvjetovi brokule, odmrznuti

UPUTE:
a) U velikoj tavi zagrijte biljno ulje na srednje jakoj vatri.
b) Dodajte piletinu i pržite je 4-6 minuta.
c) Dodajte orzo i nasjeckani češnjak i pirjajte 5-7 minuta, ili dok orzo ne počne smeđiti.
d) Umiješajte vodu, pirjane rajčice, grah, sušeni timijan, sol i crni papar.
e) Poklopite i kuhajte 15 minuta uz povremeno miješanje.
f) Dodajte brokulu, ponovno poklopite i kuhajte dodatnih 5-10 minuta, ili dok brokula i orzo ne omekšaju, a piletina više ne bude ružičasta.
g) Uživajte u orzo tavi s piletinom!

85.Orzo i Portobello tepsija

Priprema: 6 porcija

SASTOJCI:
- 1/4 šalice nasjeckanih sušenih rajčica
- 1/4 šalice kipuće vode
- 1 žlica maslinovog ulja
- 2 šalice poriluka, narezanog na ploške
- 2 šalice Portobello gljiva, narezanih na kockice
- 1 šalica svježih gljiva, narezanih na četvrtine
- 2 režnja češnjaka
- 2 šalice Orza, kuhanog
- 2 šalice lukovica komorača, narezanih na kriške
- 2 šalice soka od rajčice
- 2 žlice svježeg lišća bosiljka, mljevenog
- 2 žlice balzamičnog octa
- 1 žličica paprike
- 1/8 žličice papra
- Sprej za kuhanje povrća
- 4 unce provolone sira, nasjeckanog
- 1/4 šalice ribanog parmezana

UPUTE:
a) Pomiješajte sušene rajčice i kipuću vodu u maloj posudi. Pokrijte ih i ostavite da odstoje oko 10 minuta, odnosno dok rajčice ne omekšaju. Ocijediti.
b) Zagrijte maslinovo ulje u velikoj neprianjajućoj tavi na srednje jakoj vatri. Dodajte rajčice, poriluk, gljive i češnjak te pirjajte 2 minute.
c) Pomiješajte mješavinu gljiva, kuhani orzo i sljedećih 6 sastojaka (orzo kroz papar) u velikoj zdjeli. Staviti na stranu.
d) Žlicom stavite smjesu u posudu za pečenje veličine 13 x 9 inča koja je premazana sprejom za kuhanje.
e) Pecite, nepokriveno, na 400 stupnjeva 25 minuta.
f) Pospite provolone i parmezan po loncu i pecite još 5 minuta.
g) Uživajte u Orzo i Portobello tepsiji!

86. Orzo u jednoj tavi sa špinatom i fetom

Napravi: 4 porcije

SASTOJCI:
- 2 žlice neslanog maslaca
- 4 velika mladog luka, podrezana i tanko narezana
- 2 velika režnja češnjaka, nasjeckana
- 8 unci mladog lišća špinata (8 šalica), grubo nasjeckanog
- 1 žličica košer soli
- 1 3/4 šalice pilećeg ili povrtnog temeljca s niskim sadržajem natrija
- 1 šalica orza
- 1 žličica sitno naribane korice limuna (od 1 limuna)
- 3/4 šalice mrvljene fete (3 unce), plus još za ukras
- 1/2 šalice smrznutog graška, odmrznutog (po želji)
- 1 šalica nasjeckanog svježeg kopra ili upotrijebite peršin ili cilantro

UPUTE:

a) Zagrijte tavu od 10 inča na srednjoj vatri, zatim otopite maslac, što bi trebalo trajati oko 30 sekundi do 1 minute.

b) Umiješajte otprilike tri četvrtine mladog luka, a dio zelenih dijelova ostavite za ukrašavanje i dodajte nasjeckani češnjak. Kuhajte dok ne omekša, često miješajući, oko 3 minute.

c) Umiješajte mladi špinat, dodajte ga u serijama ako ne stane sav odjednom u tavu i dodajte 1/2 žličice soli. Nastavite kuhati, povremeno miješajući, dok špinat ne uvene, otprilike 5 minuta.

d) Umiješajte temeljac i zakuhajte. Dodajte orzo, limunovu koricu i preostalu 1/2 žličice soli. Poklopite i pirjajte na srednje niskoj vatri dok orzo ne bude gotovo kuhan i dok većina tekućine ne upije, što bi trebalo trajati 10 do 14 minuta, uz miješanje jednom ili dva puta.

e) Umiješajte izmrvljenu fetu i grašak ako želite. Dodati nasjeckani kopar pa poklopiti posudu i kuhati još 1 minutu da se kuha i grašak zagrije.

f) Za posluživanje pospite s još sira i ostavljenim mladim mladim lukom.

g) Uživajte u orzu u jednoj posudi sa špinatom i fetom!

FARFALLE/MAŠNICA

87.Tjestenina Rustika

Proizvodi: 4
SASTOJCI:
- 1 lb. farfalle (leptir mašna) tjestenine
- 1 (8 oz.) pakiranje gljiva, narezanih na ploške
- 1/3 šalice maslinovog ulja
- 1 žlica sušenog origana
- 1 režanj češnjaka, nasjeckan
- 1 žlica paprike
- 1/4 šalice maslaca
- sol i papar po ukusu
- 2 manje tikvice, na četvrtine i narezane na ploške
- 1 glavica luka nasjeckana
- 1 rajčica, nasjeckana

UPUTE:
a) Kuhajte tjesteninu 10 minuta u vodi i soli. Uklonite višak tekućine i ostavite sa strane.
b) Pržite sol, papar, češnjak, papriku, tikvice, origano, gljive, luk i rajčicu 17 minuta na maslinovom ulju.
c) Pomiješajte povrće i tjesteninu.

88. Crème Fraiche pileća tjestenina

Proizvodi: 4

SASTOJCI:
- 1 žlica maslinovog ulja
- 6 pilećih filea
- ¼ šalice bijelog vina
- ¼ šalice pileće juhe
- Posolite i popaprite po ukusu
- 8 oz. leptir tjestenina
- 2 žlice nasjeckane ljutike
- 3 mljevena češnja češnjaka
- 1 šalica narezanih gljiva
- 2 šalice crème fraiche
- 1/3 šalice ribanog parmezana
- 2 žlice nasjeckanog peršina

UPUTE:
a) Zagrijte ulje u velikoj tavi.
b) Pecite piletinu 5 minuta.
c) Ulijte vino i juhu te začinite solju i paprom.
d) Pirjajte 20 minuta.
e) Dok se piletina kuha, tjesteninu kuhajte 10 minuta u posoljenoj vodi i ocijedite. Staviti na stranu.
f) Hvataljkom prebacite piletinu na pladanj i narežite piletinu na kockice.
g) Dodajte luk, češnjak i gljive u tavu i pirjajte 5 minuta.
h) Vratite narezanu piletinu u tavu i umiješajte crème fraiche.
i) Pirjati 5 minuta.
j) Stavite tjesteninu u zdjelu za posluživanje i prelijte umak preko tjestenine.
k) Prelijte parmezanom i nasjeckanim peršinom.

89. Pileći oblozi i Farfalle salata

Proizvodi: 6
SASTOJCI:
- 6 jaja
- 3 zelena luka, tanko narezana
- 1 (16 oz.) paket farfalle (leptir-kravata) tjestenine
- 1/2 crvenog luka nasjeckanog
- 1/2 (16 oz.) boce salate na talijanski način
- 6 pilećih mekica

Zavoj
- 1 krastavac, narezan na ploške
- 4 srca romanske salate, tanko narezana
- 1 vezica rotkvica, obrezana i narezana
- 2 mrkve oguljene i narezane na ploške

UPUTE:
a) Stavite jaja u veliki lonac i prelijte ih vodom. Kuhajte jaja na srednjoj vatri dok ne počnu ključati.
b) Ugasite vatru i ostavite jaja da odstoje 16 minuta. Jaja isperite s malo hladne vode kako bi izgubila toplinu.
c) Ogulite jaja i narežite ih na ploške pa ih stavite sa strane.
d) Stavite pileće meke u veliki lonac. Prelijte ih s 1/4 šalice vode. Kuhajte ih na srednjoj vatri dok piletina ne bude gotova.
e) Ocijedite pileće meke i narežite ih na male komadiće.
f) Uzmite veliku zdjelu za miješanje: u nju ubacite tjesteninu, piletinu, jaja, krastavce, rotkvice, mrkvu, zeleni luk i crveni luk. Dodajte talijanski preljev i ponovno ih promiješajte.
g) Stavite salatu u hladnjak na 1 h 15 min.
h) Na tanjure za posluživanje stavite srca zelene salate. Među njima podijelite salatu.

90.Salata od morskih plodova makarona

Proizvodi: 12

SASTOJCI:
- 16 oz. farfalle tjestenina
- 3 nasjeckana tvrdo kuhana jaja
- 2 nasjeckana štapića celera
- 6 oz., kuhani mali škampi
- ½ šalice pravog mesa rakova
- Posolite i popaprite po ukusu

Zavoj:
- 1 šalica majoneze
- ½ žličice paprike
- 2 žličice soka od limuna

UPUTE:
a) Tjesteninu kuhajte u posoljenoj kipućoj vodi 10 minuta. Ocijediti.
b) Prebaci tjesteninu u veliku zdjelu i umiješaj preostale sastojke za salatu.
c) Pomiješajte sastojke za preljev i prelijte salatom.
d) Pokrijte i stavite u hladnjak na 1 sat.

91.Pecite tjesteninu od maslaca i blitve

Sastojci : _
- 3 šalice nekuhane leptir tjestenine
- 2 šalice nemasnog ricotta sira
- 4 velika jaja
- 3 šalice smrznute kocke butternut tikve, odmrznute i podijeljene
- 1 žličica suhe majčine dušice
- 1/2 žličice soli, podijeljeno
- 1/4 žličice mljevenog muškatnog oraščića
- 1 šalica krupno nasjeckane ljutike
- 1-1/2 šalice nasjeckane blitve, bez stabljika
- 2 žlice maslinovog ulja
- 1-1/2 šalice panko krušnih mrvica
- 1/3 šalice grubo nasjeckanog svježeg peršina
- 1/4 žličice češnjaka u prahu

UPUTE:
a) Zagrijte pećnicu na 375°. Skuhajte tjesteninu prema uputama na pakiranju za al dente; odvoditi. U međuvremenu stavite ricottu, jaja, 1-1/2 šalice tikve, timijan, 1/4 žličice soli i muškatni oraščić u procesor hrane; obradite dok ne postane glatko. Ulijte u veliku zdjelu.
b) Umiješajte tjesteninu, ljutiku, blitvu i preostalu tikvicu. Prebacite u podmazanu posudu 13x9 in. posuda za pečenje.
c) U velikoj tavi zagrijte ulje na srednje jakoj vatri. Dodajte krušne mrvice; kuhajte i miješajte dok ne porumeni, 2-3 minute. Umiješajte peršin, češnjak u prahu i preostalu 1/4 žličice soli. Pospite preko smjese tjestenine.
d) Pecite nepokriveno dok se ne stegne i preljev ne porumeni, 30-35 minuta.

LAZANJE

92.španjolske lazanje

Proizvodi: 12
SASTOJCI:
- 4 C. mljevene rajčice iz konzerve
- 1 (32 oz.) spremnik ricotta sira
- 1 (7 oz.) limenke zelenog čilija na kockice
- 4 jaja, lagano tučena
- 1 (4 oz.) limenke jalapeno paprike narezane na kockice
- 1 (16 oz.) pakiranje mješavine nasjeckanih četiri sira u meksičkom stilu
- 1 glavica luka, narezana na kockice
- 3 češnja češnjaka, nasjeckana
- 1 (8 oz.) paket tjestenine za lazanje bez kuhanja
- 10 grančica svježeg cilantra, nasjeckanog
- 2 žlice mljevenog kima
- 2 lbs. chorizo kobasica

UPUTE:
a) Kuhajte sljedeće 2 minute, a zatim pirjajte na laganoj vatri 55 minuta: cilantro, rajčice, kumin, zeleni čili, češnjak, luk i jalapenos.
b) Uzmite zdjelu, pomiješajte razmućena jaja i ricottu.
c) Postavite pećnicu na 350 stupnjeva prije nastavka.
d) Popržite svoje chorizoe uz miješanje. Zatim uklonite višak ulja i izmrvite meso.
e) U posudu za pečenje nanesite lagani sloj umaka, a zatim slojeve: kobasica, 1/2 vašeg umaka, 1/2 nasjeckanog sira, tjestenina za lazanje, ricotta, još tjestenine, sav preostali umak i još naribanog sira.
f) Premažite malo folije neljepljivim sprejem i prekrijte lazanje. Kuhajte 30 minuta poklopljeno, a 15 minuta bez poklopca.

93. Lazanje od bundeve i kadulje s fontinom

Čini: 8 DO 10
SASTOJCI:
- 2 žličice ekstra djevičanskog maslinovog ulja, plus još za podmazivanje
- 1 (14 unci) konzerva pirea od bundeve
- 2 šalice punomasnog mlijeka
- 2 žličice sušenog origana
- 2 žličice sušenog bosiljka
- ¼ žličice svježe naribanog muškatnog oraščića
- ¼ žličice mljevene crvene paprike
- Košer sol i svježe mljeveni papar
- 16 unci ricotta sira od punomasnog mlijeka
- 2 režnja češnjaka, naribana
- 1 žlica nasjeckanih svježih listova kadulje, plus 8 cijelih listova
- 2 žlice nasjeckanog svježeg peršina
- 1 (12 unci) kutija tjestenine za lazanje bez kuhanja
- 1 staklenka (12 unci) pečene crvene paprike, ocijeđene i nasjeckane
- 3 šalice naribanog sira fontina
- 1 šalica ribanog parmezana
- 12 do 16 komada tanko narezanih feferona (po želji)

UPUTE:

a) Zagrijte pećnicu na 375°F. Namastite posudu za pečenje 9 × 13 inča.

b) U srednjoj zdjeli pomiješajte bundevu, mlijeko, origano, bosiljak, muškatni oraščić, pahuljice crvene paprike i po prstohvat soli i papra. U zasebnoj srednjoj zdjeli pomiješajte ricottu, češnjak, nasjeckanu kadulju i peršin te začinite solju i paprom.

c) Na dno pripremljene posude za pečenje rasporedite četvrtinu umaka od bundeve (oko 1 šalice). Dodajte 3 ili 4 lista lazanja, lomeći ih po potrebi da stanu. U redu je ako listovi ne prekriju umak u potpunosti. Položite pola smjese ricotte, pola crvene paprike, zatim 1 šalicu fontine. Dodajte još jednu četvrtinu umaka od bundeve, a na vrh stavite 3-4 tjestenine za lazanje. Složite preostalu smjesu ricotte, preostale crvene paprike, 1 šalicu fontine, a zatim drugu četvrtinu umaka od bundeve. Dodajte preostalu tjesteninu za lazanje i preostali umak od bundeve. Po vrhu pospite preostalu 1 šalicu fontine, a zatim parmezan. Prelijte feferonima (ako koristite)

d) U maloj zdjeli ubacite cijele listove kadulje u 2 žličice maslinovog ulja. Složiti po lazanjama.

e) Pokrijte lazanje folijom i pecite 45 minuta. Pojačajte vatru na 425°F, uklonite foliju i pecite dok sir ne zapeče, još oko 10 minuta. Pustite lazanje da odstoje 10 minuta. Poslužiti. Čuvajte sve ostatke u hladnjaku u hermetički zatvorenoj posudi do 3 dana.

94.Lazanje s opterećenim školjkama

SASTOJCI : _
- 4 šalice naribanog mozzarella sira
- 1 kutija (15 unci) ricotta sira
- 1 paket (10 unci) smrznutog nasjeckanog špinata, odmrznutog i ocijeđenog
- 1 paket (12 unci) ljuski jumbo tjestenine, kuhanih i ocijeđenih
- 3-1/2 šalice umaka za špagete
- Rendani parmezan, po želji

UPUTE:

a) Zagrijte pećnicu na 350°. Pomiješajte sireve i špinat; napunite u školjke. Složite u podmazan kalup 13x9 in. posuda za pečenje. Školjke prelijte umakom za špagete. Pokrijte i pecite dok se ne zagrije, oko 30 minuta.

b) Po želji nakon pečenja pospite parmezanom.

95. Pileće lazanje

Proizvodi: 6

SASTOJCI:
- 6 nekuhanih tjestenina za lazanje, kuhana
- 1 šalica nasjeckane kuhane piletine
- 1 žlica maslinovog ulja
- ½ lb nasjeckanih gljiva
- 1 nasjeckana crvena paprika
- 1 sitno nasjeckani luk
- 3 mljevena češnja češnjaka
- ¼ šalice pileće juhe
- 8 oz., krem sir
- ½ žličice origana
- Posolite i popaprite po ukusu
- 2 šalice naribanog mozzarella sira
- 3 šalice umaka od rajčice

UPUTE:
a) Zagrijte pećnicu na 350 stupnjeva F.
b) Zagrijte maslinovo ulje u tavi i pirjajte gljive, papriku, luk i češnjak 5 minuta.
c) Pomiješajte nasjeckanu piletinu, juhu, krem sir, gljive, papriku, luk, češnjak i origano u zdjeli.
d) Umiješajte 1 šalicu mozzarelle sira i začinite solju i paprom.
e) Ulijte 1 šalicu umaka od rajčice u posudu za pečenje 9x13.
f) Napravite tri sloja tjestenine za lazanje, mješavine piletine i umaka od rajčice.
g) Prelijte preostalom šalicom naribanog sira mozzarella.
h) Pecite 45 minuta.

96. Jugozapadne lazanje

Proizvodi: 6

SASTOJCI:
- 2 žlice maslinovog ulja
- 1 kosani luk
- 1 ½ šalice nasjeckanog sira Cheddar
- 1 žlica nasjeckane jalapeno papričice
- 4 mljevena češnja češnjaka
- 3 šalice ljute kobasice
- ½ šalice picante umaka
- 1 žličica talijanskog začina ili po ukusu
- 4 šalice umaka od rajčice
- 2 šalice nasjeckanog sira Pepper Jack
- 15 kukuruznih tortilja

UPUTE:
a) Zagrijte pećnicu na 350 stupnjeva F.
b) Zagrijte maslinovo ulje u velikoj tavi.
c) Pirjajte češnjak, jalapeno papriku i luk 5 minuta.
d) Dodajte meso kobasice i začinite talijanskim začinima.
e) Umiješajte umak od rajčice i umak picante.
f) Sve sastojke dobro sjediniti.
g) Pokrijte tavu i pirjajte 15 minuta.
h) Posudu za pečenje 9x13 premažite neljepljivim sprejem.
i) Posudu za pečenje obložite 1 tortiljom, slojem kobasica i umaka te slojem sira od papra.
j) Napravite još 2 sloja.
k) Prekrijte treći sloj cheddar sirom.
l) Pecite 45 minuta.

97. Klasične lazanje

Proizvodi: 8
SASTOJCI:
- 1 1/2 lbs. nemasna mljevena govedina
- 2 jaja, istučena
- 1 glavica luka, narezana na kockice
- 1 litra djelomično obranog ricotta sira
- 2 češnja češnjaka, mljevena
- 1/2 šalice ribanog parmezana
- 1 žlica svježeg bosiljka narezanog na kockice
- 2 žlice sušenog peršina
- 1 žličica sušenog origana
- 1 žličica soli
- 2 žlice smeđeg šećera
- 1 lb. mozzarella sira, nasjeckanog
- 1 1/2 žličice soli
- 2 žlice ribanog parmezana
- 1 (29 oz.) limenka rajčice narezane na kockice
- 2 (6 oz.) limenke paste od rajčice
- 12 suhih tjestenina za lazanje

UPUTE:

a) Pržite češnjak, luk i govedinu 3 minute, a zatim pomiješajte tijesto od rajčice, bosiljak, rajčice narezane na kockice, origano, 1,5 žličicu soli i smeđi šećer.

b) Sada postavite pećnicu na 375 stupnjeva prije nego što učinite bilo što drugo.

c) Počnite kuhati tjesteninu u vodi i soli 9 minuta, a zatim uklonite svu tekućinu.

d) Uzmite zdjelu, pomiješajte 1 žličicu soli, jaja, peršin, ricottu i parmezan.

e) Trećinu tjestenine stavite u vatrostalnu posudu i sve pospite polovicom smjese sira, trećinom umaka i 1/2 mozzarelle.

f) Slagati na ovaj način dok se ne potroše svi sastojci.

g) Zatim sve pospite još parmezanom.

h) Pecite lazanje u pećnici 35 minuta.

98. Slatke lazanje

Proizvodi: 4

SASTOJCI:
- 1 ½ lb. izmrvljene začinjene talijanske kobasice
- 5 šalica kupljenog umaka za špagete
- 1 šalica umaka od rajčice
- 1 žličica talijanskog začina
- ½ šalice crnog vina
- 1 žlica šećera
- 1 žlica ulja
- 5 rukavica mljevenog češnjaka
- 1 glavica luka narezana na kockice
- 1 šalica naribanog mozzarella sira
- 1 šalica naribanog provolone sira
- 2 šalice ricotta sira
- 1 šalica svježeg sira
- 2 velika jaja
- ¼ šalice mlijeka
- 9 tjestenina za lazanje – parboil izd
- ¼ šalice ribanog parmezana

UPUTE:

a) Zagrijte pećnicu na 375 stupnjeva Fahrenheita.
b) U tavi zapecite izmrvljenu kobasicu 5 minuta. Svaku masnoću treba odbaciti.
c) U velikom loncu pomiješajte umak za tjesteninu, umak od rajčice, talijanski začin, crno vino i šećer i dobro promiješajte.
d) U tavi zagrijte maslinovo ulje. Zatim 5 minuta pirjajte češnjak i luk.
e) U umak umiješajte kobasicu, češnjak i luk.
f) Nakon toga poklopite lonac i ostavite da se kuha 45 minuta.
g) U posudi za miješanje pomiješajte sireve mozzarella i provolone.
h) U posebnoj zdjeli pomiješajte ricottu, svježi sir, jaja i mlijeko.
i) U posudu za pečenje 9 x 13 ulijte 12 šalica umaka na dno posude.
j) Sada rasporedite lazanje, umak, ricottu i mozzarellu u posudu za pečenje u tri sloja.
k) Po vrhu rasporedite parmezan.
l) Pecite u poklopljenoj posudi 30 minuta.
m) Pecite još 15 minuta nakon što ste otvorili posudu.

99. Ratatouille lazanje

Čini: 8–10
SASTOJCI:
- Tijesto od jaja
- Ekstra djevičansko maslinovo ulje
- 3 češnja češnjaka nasjeckana
- 1 šalica (237 ml) crnog vina
- 2 (28-oz. [794-g]) limenke smrvljene rajčice
- 1 vezica bosiljka
- Košer soli
- Svježe mljeveni crni papar
- Maslinovo ulje
- 1 patlidžan, oguljen i sitno narezan
- 1 zelena tikvica, sitno narezana
- 1 ljetna tikva, sitno narezana na kockice
- 2 rajčice, sitno narezane
- 4 češnja češnjaka, narezana na ploške
- 1 glavica crvenog luka, sitno narezana
- Košer soli
- Svježe mljeveni crni papar
- 3 šalice (390 g) narezane mozzarelle

UPUTE:
a) Zagrijte pećnicu na 350°F (177°C) i zakuhajte veliki lonac slane vode.
b) Dva pleha pospite griz brašnom. Da biste napravili tjesteninu, razvaljajte tijesto dok list ne postane debljine oko 1/16 inča (1,6 mm).
c) Razvaljane listove izrežite na dijelove od 12 inča (30 cm) i stavite ih na lim dok ne dobijete oko 20 listova. Radeći u serijama, ubacite listove u kipuću vodu i kuhajte dok ne postanu savitljivi, oko 1 minutu. Stavite na papirnate ubruse i osušite.
d) Da biste napravili umak, u lonac na srednje jakoj vatri dodajte ekstra djevičansko maslinovo ulje, češnjak i pirjajte oko minutu ili dok ne postane proziran. Dodajte crno vino i pustite da se reducira na pola. Zatim dodajte zgnječenu rajčicu, bosiljak te sol i papar. Pustite da lagano kuha oko 30 minuta.
e) Da biste napravili nadjev, u veliku tavu za pečenje na jakoj vatri dodajte malo maslinovog ulja, patlidžan, tikvicu, tikvicu, rajčicu, češnjak i crveni luk. Začinite solju i svježe mljevenim crnim paprom.
f) Za sastavljanje stavite umak na dno posude za pečenje od 9 × 13 inča (22,9 × 33 cm). Stavite listove tjestenine prema dolje, malo ih preklapajući, pokrivajući dno posude. Ravnomjerno dodajte ratatouille preko listova tjestenine i po vrhu pospite mozzarellu. Dodajte sljedeći sloj listova tjestenine prema suprotnim uputama i ponavljajte te slojeve dok ne dođete do vrha ili dok ne potrošite sav nadjev. Gornji lim ravnomjerno rasporedite malo umaka i pospite još malo mozzarelle.
g) Stavite lazanje u pećnicu i pecite oko 45 minuta do 1 sat. Ostavite da se ohladi oko 10 minuta prije rezanja i posluživanja.

100.Pepperoni Lazanje

Proizvodi: 12
SASTOJCI:
- 3/4 lb mljevene govedine
- 1/4 žličice mljevenog crnog papra
- 1/2 lb salame, nasjeckane
- 9 tjestenine za lazanje
- 1/2 lb feferona kobasice, nasjeckane
- 4 C. naribani sir mozzarella
- 1 glavica luka, mljevena
- 2 C. svježi sir
- 2 (14,5 oz.) konzerve pirjanih rajčica
- 9 kriški bijelog američkog sira
- 16 oz. umak od rajčice
- ribani parmezan
- 6 oz. pasta od rajčice
- 1 žličica češnjaka u prahu
- 1 žličica sušenog origana
- 1/2 žličice soli

UPUTE:
a) Pržite feferone, govedinu, luk i salamu 10 minuta. Uklonite višak ulja. Stavite sve u sporo kuhalo na laganoj vatri s malo papra, umaka i paste od rajčice, soli, pirjanih rajčica, origana i češnjaka u prahu 2 sata.
b) Prije nastavka uključite pećnicu na 350 stupnjeva.
c) Kuhajte svoje lazanje u slanoj vodi dok ne budu al dente 10 minuta, zatim uklonite svu vodu.
d) U posudu za pečenje nanesite lagani sloj umaka, a zatim naslažite: 1/3 laqsagne, 1 1/4 šalice mozzarelle, 2/3 C svježeg sira, kriške američkog sira, 4 žlice parmezana, 1/3 mesa. Nastavite dok se posuda ne napuni.
e) Kuhajte 30 minuta.

101. Lazanje u sporom kuhalu

Proizvodi: 8
SASTOJCI:
- 1 lb mljevene govedine
- ½ lb mrvljene talijanske začinjene kobasice
- 1 kosani luk
- 3 mljevena češnja češnjaka
- 1 šalica narezanih gljiva
- 3 šalice umaka od rajčice – domaći je dobar, a u staklenkama je dobar
- 1 šalica vode
- 8 oz. pasta od rajčice
- 1 žličica talijanskog začina
- 12 oz. tjestenina za lazanje spremna za pećnicu (ne obična vrsta)
- 1 ¼ šalice ricotta sira
- ½ šalice ribanog parmezana
- 2 šalice naribanog mozzarella sira
- 1 dodatna šalica naribanog mozzarella sira

UPUTE:
a) Zapržite govedinu, kobasice, luk, češnjak i gljive u velikoj tavi 5 minuta.
b) Ocijedite eventualnu masnoću.
c) Umiješajte umak, vodu, pastu od rajčice, talijanski začin i dobro promiješajte.
d) Pirjati 5 minuta.
e) Pomiješajte ricottu, parmezan i 2 šalice mozzarella sira u zdjeli.
f) Napravite slojeve (2 do 3) od mesa, umaka, dvostrukog sloja lazanja (prelomite ih na pola) i smjese sira.
g) Na vrh stavite 1 šalicu naribanog sira mozzarella.
h) Kuhajte 4 sata na laganoj vatri.

ZAKLJUČAK

Dok završavamo naše putovanje kroz "Ovladajte umijećem kuhanja tjestenine u tavi", nadamo se da ste ne samo otkrili užitke kuhanja bez muke, već ste i svladali umijeće stvaranja izvrsnih jela od tjestenine s lakoćom. Kuhanje tjestenine u jednoj tavi nudi praktičnost minimalnog čišćenja uz maksimalan okus.

Potičemo vas da nastavite s istraživanjem recepata za tjesteninu u jednoj tavi, eksperimentirate s novim sastojcima i dijelite svoje kreacije bez problema s obitelji i prijateljima. Svako jelo koje pripremite dokaz je vaših kulinarskih vještina i vaše sposobnosti da pojednostavite proces kuhanja.

Hvala vam što ste nam se pridružili u ovoj jednostavnoj avanturi. Vjerujemo da će znanje i vještine koje ste stekli nastaviti poboljšavati vaše kulinarsko putovanje, čineći kuhanje ugodnim i učinkovitim iskustvom. Sretno kuhanje, jednu po jednu tavu!

www.ingramcontent.com/pod-product-compliance
Lightning Source LLC
LaVergne TN
LVHW021700060526
838200LV00050B/2438